終末格差

健康寿命と資産運用の残酷な事実

野口悠紀雄

角川新書

はじめに――これからの老後生活

老後生活を年金に頼ることができるのか？　退職後の生活に備えて、どれだけの貯蓄が必要か？　要介護になったとき、十分なサービスを受けられるか？　医療技術は、今後どれだけ進歩するか？

これらは、すべての国民にとって重要な問題だ。それにもかかわらず、実際には、十分な情報が提供されていない。

政府は、公的年金の財政検証など、様々な将来見通しを公開しているが、非現実的な仮定を置くことによって、真の問題を覆い隠している。

これは、必要とされる改革が、負担増・給付減という不人気な政策にならざるをえないからだ。だから、政治家は、社会保障改革を選挙の争点にしない。国民も、選挙の争点にすることを求めない。将来の社会保障を支える消費税の増税など、誰も言いださない。それどころか、消費税を減税せよという意見が強い。

本書は、こうした問題について、将来の日本を念頭に置きつつ、定量的な分析と見通しを行ない、国民の1人1人がこれからの生活を考える場合に必要なデータを提供する。年金制度など社会全体としての問題だけでなく、老人ホーム選択の問題などの具体的なテーマも取り上げる。

そして、望む限りいつまでも働けるような社会の実現を求める。また、個人個人が、そうした働き方にむけて早くから準備すべきことを提案する。

各章の概要は以下のとおりだ。

序章では、「終末格差」という概念を提起する。子、孫との同居が減って核家族が増え、終末格差が拡大した。格差はさまざまな要因によって生じるが、本書は、そのうちの経済的要因に焦点をあてる。健康要因も終末格差に大きな影響を与えるが、コントロールできない面も多い。経済的要因は、予測可能なものが多く、また、若いときからの努力で対処が可能だ。

第1章では、老後資金の問題を検討する。2019年に、老後資金として65歳時点で2000万円必要との金融審議会の市場ワーキング・グループ報告書が公表され、大議論を引き起こした。しかし、本当にいくら必要なのかは、結局のところ、うやむやのままに終わっている。とくに問題なのは、老後生活資金の大部分を公的年金で賄えるかどうかだ。

また、用いるデータによって、必要生活資金の推定額は大きく異なる。この章では、高齢者の実態に関する最新のデータなどを用いて、この問題を再検討する。年金だけで老後生活を送ることはできず、個人の蓄えが必要だ。

第2章では、新NISAが、老後生活のための解答になるかどうかを検討する。老後資金問題は、NISAで解決できるものではない。投資（投機？）に血道をあげるのでなく、自分自身の能力向上のために自分自身に投資するほうが、老後生活のためにずっと重要だ。

第3章のテーマは、団塊ジュニア世代（就職氷河期世代）が直面する問題だ。この世代は、50歳代後半のリストラ、正規から非正規への転換、そして退職後生活において、厳しい問題に直面すると考えられる。企業の雇用義務は強化されており、政府は、企業に65歳までの雇用責任を負わせている。これから、70歳までの雇用責任を負わせることとなるが、実際にはそう簡単ではない。公的年金受給までの生活を、企業に頼れるかどうかは疑問だ。

第4章では、2024年の公的年金財政検証を中心として、公的年金が抱える諸問題を検討する。2024年財政検証は、保険料を引き上げずに、現在の年金制度を今後も維持できるとしている。しかし、そうなるのは、非現実的に高い実質賃金上昇率を仮定しているためだ。現実的な値を想定すると、年金給付水準が低下する可能性が強い。これは第1章で述べた必要老後資金額に大きな影響を与える。とりわけ、第3章でみる団塊ジュニア世代に深刻な影響を与える。

最悪のケースでは、65歳における必要老後資金は3000万円を超える。これをクリアできる家計は、ごく一部だ。いったい、どうしたらよいのか？

公的年金制度は複雑なので、この章の議論は複雑なものにならざるをえない。しかし、将来どれだけの年金を受給できるかは老後生活の基本を決めるため、我慢して読み進んでいただきたい。

第5章では、介護の問題を検討する。介護分野は、いまでも必要な労働力を確保できていない。賃金が低いからだ。訪問介護は破綻《はたん》しないか？　有料老人ホームが激増しているが、サービスも料金も千差万別だ。どのように判断したらよいのか？　有料老人ホームの広告は山ほどあるが、客観的な情報が少ない。

第6章で、医療の将来を取り上げる。ＡＩの活用、製薬技術の目覚ましい発達、ガンの克服などの医療技術の進歩が期待される。しかし、人材を確保できるか？　必要な医療サービスを供給できるか？　といった問題もある。オンライン医療は、こうした問題に対処する重要な手段であるはずであり、世界の各国では、コロナ期に大きく進展した。しかし、日本では、医師会の反対で進まない。こうした状況をなんとか打破できないものか？

第7章では、医療保険や介護保険において、高齢者の負担が増加しつつあることを述べる。現在の制度では、「所得」を基準として負担が決められているが、本来であれば「資産」を基準として負担が決められるべきだ。

第8章のテーマは、「いつまでも働ける社会」の実現だ。働きたいかぎり、いつまでも働き続けられる客観的な条件が整いつつある。とくに重要なのは、情報処理技術の飛躍的な進歩だ。

こうした技術を利用して、組織から独立した働き方を求めるべきだ。そのような働き方として、どのようなものがあるか？　政策や制度の改革（とりわけ、税制の改革）を求めることも重要だが、それと同時に、個人個人が準備することが必要だ。まず、リスキリングが必要だ。そして、人脈も必要だろう。若いときから準備すべきは、このことだ。

本書は、「現代ビジネス」、「東洋経済オンライン」、「ビジネス＋IT」、「ダイヤモンド・オンライン」に公表した記事を基としている。これらの掲載にあたってお世話になった方々に御礼申し上げる。注

本書の刊行にあたっては、株式会社KADOKAWA　出版事業グループ　教養・生活文化統括部　ビジネス第2編集課の伊藤直樹氏、大賀愛理沙氏にお世話になった。御礼申し上

げたい。

2024年8月

野口悠紀雄

（注）「東洋経済オンライン」の初出は、以下のとおり（いずれも、2024年）。
5月12日：財政検証で判明、年金「100年安心」ではなかった　公約を実現するには今後も調整が必要だ　5月26日：年金生活者たちの「実は優雅な暮らし」の実態　「家計調査」から見えてくる意外な懐事情　7月21日：放置された「国民年金の給付水準低すぎる」大問題　就職氷河期世代が退職迎えると大変なことに

目次

第2章　投資戦略で老後を守れるか？　53

第5章　介護保険は破綻しないか？　179

図表目次

序章　広がる終末格差

1．拡大する終末格差

かつて、終末は平等だった

この章では、「終末格差」という概念を考える。

大正期（1912～26）生まれまでの日本人は、どうやって終末を迎えるかについて、心を煩わす必要はなかった。

第1の理由は、平均寿命が短かったことだ。このため、高齢者になったときの健康状態が重大な問題になることが少なかった。「介護などが必要になる前に寿命が尽きる」という場合が多かったと思われる。

第2の理由は、子供や孫たちと同居して暮らすのが普通だったことだ。仕事から引退したら、老後生活費は子供たちの世帯が面倒を見てくれる場合が多かった。体の調子が悪くなれば、家族が面倒を見てくれた。重い病気になれば病院に入ったが、退院できれば、家に戻って終末を迎えられた。

こうして、終末の迎え方について、大きな個人差はなかったのだ。仕事をしているときには社会的地位や貧富の差はあったが、終末は誰も平等、と言えた。

三世代世帯から、夫婦のみか単独世帯へ

ところが、日本人のこのような生活スタイルが、この数十年の間に大きく変わった。

第1に、平均寿命が延びたので、介護など高齢者の健康が大きな問題となった。重病になっても、医学の進歩で命が救える場合が多くなった。しかし、病気は治ったものの、事後に要介護状態になってしまうといったケースが増えたのだ。

第2の理由は、子たちが、成人して仕事に就くと、別居して独立の家計を営む場合が増えたことだ。この変化は、統計ではっきりと確かめることができる。令和4年版高齢社会白書（第1章第4節）によると、1980年においては、三世代世帯の割合が一番多く、全体の50.1%を占めていた。つまり、この頃の日本では、まだ伝統的な状況が残っていた。

しかし、2019年では、夫婦のみの世帯が32.3%、単独世帯が28.8%になっている。

つまり、夫婦のみと単独で、61．1％と過半数になった。「三世代世帯から、夫婦のみか単独の世帯へ」という大きな変化が、この約40年の間に、はっきりと生じたのだ。

これは、全年齢階層についてのものだが、65歳以上の人々だけを取り上げても、世帯構造の大きな差が観測できる。すなわち、1人暮らしの比率が上昇しているのだ。

1980年には、65歳以上の人口に占める1人暮らしの割合は、男性4．3％、女性11．2％に過ぎなかった。しかし、この比率は、2020年には、男性15．0％、女性22．1％にまで上昇している。そして、2040年には、男性20．8％、女性24．5％になると推計されている（令和4年版高齢社会白書による）。かつて独居老人は例外的と言ってもよかったが、女性の約4分の1が、独居老人になるのだ。

東京都によると、都内の独居高齢世帯は、2020年に約92万だ。これは、世帯全体の12．7％にあたる（朝日新聞、2024年7月1日）。都の推計によれば、2040年には、世帯数で約119万と、世帯全体の15．8％になる。

日本は世界で初めての超高齢社会となったので、今後一体どのようなことになるのか、予想できない面が多い。

最近では、「高齢者等終身サポート事業」をめぐり、消費生活センターなどに寄せられる相談件数が増加しているという。これは、頼れる身寄りのいない高齢者らを対象にして、病院入院や介護施設入所時の身元保証や、葬儀や家財・遺品の整理などの死後事務などを担うサービスの民間の提供者だ。[注1] さまざまなトラブルも発生しており、政府もガイドラインを策定した。[注2]

（注1）（身寄りなき老後）終身サポート、相談急増　身元保証や死後事務行う事業者「高額契約」「信用できるか」、朝日新聞、2024年8月20日。

（注2）（身寄りなき老後）最期まで安心、買えるのか　高齢者向け「終身サポート」民間事業者が存在感、朝日新聞、2024年8月20日。

「終末格差」が広がった

高齢者の同居者が配偶者だけだと、一方が病気になったり要介護状態や認知症になったりすれば、他方が支えなければならない。いわゆる「老老介護」になる。

2000年から介護保険制度が施行され、建前上は、自宅にいたままでもこうした事態に対処できることになった。しかし、実際には、介護者の負担は重い。それに耐えかねて要介護者である配偶者を殺してしまったという悲惨な事件も起きている。

また、配偶者が亡くなって1人暮らしになった後で、要介護状態になる場合もある。その場合には、老老介護よりさらに困難な状況になってしまう。

子が介護しようとすれば、そのために退職しなければならないという「介護離職」の問題が発生する。

介護施設に入れば何とかなるかもしれない。しかし、特別養護老人ホームは一杯で、いくら待っても入れない場合が多い。民間の施設で満足のできるところに入るには、大変な費用がかかる。その費用を払える人もいるが、払えない人も多い。

こうして、終末に至るまでの状況が、人によって大きく異なるようになった。つまり、「終末格差」が広がったのだ。

なお、ここで「終末」といっているのは、「死の直前」という意味ではなく、それに先立つ数年間（場合によって異なるが、2、3年から10年間程度）の期間を指している。「老後格差」と呼んでもよいのだが、「高齢者」の定義である65歳以上よりは、もう少し後の時期のことなので、ここでは「終末格差」という言葉を使っている。

2. 巨額の資産を蓄積したからといって、幸せな終末とは限らない

幸せな終末は同じように幸せだが、不幸な終末は、それぞれに不幸

トルストイの小説『アンナ・カレーニナ』の冒頭に、つぎの有名な言葉がある。「幸せな家庭は同じように幸せだが、不幸な家庭はそれぞれに不幸だ」

終末についても、同じことが言える。「幸せな終末は同じように幸せだが、不幸な終末は、それぞれに不幸だ」

終末の幸不幸を決めるのは、どのような条件だろうか？　とくに重要なのは、つぎの3つだろう。幸福な終末とは、これらのすべてを満たすものだ。

・終末に至るまで健康であること
・経済的に困窮していないこと
・家族の仲がよいこと

これらすべてを満たす家庭は、似たような姿になる。絵にかいたような幸せな終末。誰もが望んでいる終末だ。

それに対して、これらの1つでも満たせないと不幸だ。だから、不幸な終末は、さまざま

に異なる。これが、「終末に関するアンナ・カレーニナの法則」だ。

高額の老人ホームなら幸せか?

終末格差を決める要因として最も重要なのは、資産だと思っている人が多い。もちろん、ある程度の資産保有は、退職後の生活にとって必要な条件だ。第1章で見るように、定年退職後の生活は、年金だけでは不十分と考えられるからだ。

そして、資産額は終末格差にも影響を与える。十分な資産があれば、高い入居費用を払って、居心地のよい老人ホームに入れるだろう。

しかし、重要なのは、それだけで幸福であるとは限らないということだ。つまり、多額の資産は、幸福な終末のための十分条件ではないのだ。

それを示すのが、「令和4年度人生の最終段階における医療・ケアに関する意識調査」(厚生労働省)の結果だ。

「あなたが病気で治る見込みがなく、およそ1年以内に徐々にあるいは急に死に至ると考えたとき、最期をどこで迎えたいですか」という問いに対する一般国民の回答は、医療機関41.6%、介護施設10.0%、自宅43.8%だった。医師の回答は、医療機関28.7%、介護施設10.7%、自宅56.4%だった。このように、多くの人が「自宅で死にたい」と願っている。「介護施設」は約1割にすぎない。

医師の回答で「医療機関」とする比率が一般国民より低く、その分だけ自宅の比率が高くなっていることも注目される。医療機関の状況を最もよく知っているはずの医師が、「医療機関よりは自宅で死にたい」と考えているのだ。

望む死に場所についての調査は他にもあるが、「自宅」が最も多いことは共通している。そして、一般国民も医師も、介護施設での死を望む人は少ない。

なぜ介護施設が死に場所として望まれないのか？　この問題については、第5章で詳しく論じる。ただし、「大金を積んで高級ホテルのような老人ホームに入れるとしても、死ぬときは自宅にいたいと考えている人が最も多い」という事実は重要だ。

なお、東京都監察医務院によると、東京23区内の自宅で異状死した単身高齢者は、2020年には4207人だった。

健康は重要だが、コントロールできない面がある

前項で見たように、「終末になるまでに巨額の資産を貯め、それを用いて豪華な有料老人ホームに入る」というのは、必ずしも「最も幸せな終末経路」とはならない。

もっと幸福なのは、老人ホームに入らないで終末を迎えられることだ。そのためには、夫

婦そろって健康でなければならない。

つまり、終末格差を決める条件としては、資産格差よりは健康格差のほうが重要なのだ。健常者は、要介護の金持ちよりずっと豊かな終末を迎えられる。だから、健康を保つための注意や努力は、資産運用に気を遣うより、ずっと重要なことだ。これまで健康に十分な注意を払ってこなかった人は、生活の基本を切り替えなければならない。そうした努力によってこそ、「人生100年時代」を実り多いものにすることができるだろう。

ただし、健康は、重要であるにもかかわらず、完全にはコントロールできない。運によって左右される面が大きい。不確実性がきわめて大きいのだ。

どんなに健康に留意したところで、重い病気になってしまうことはある。事故や災害に見舞われるのをコントロールできないのと同じように、疾病や要介護や認知症を完全に避けることは不可能だ。「人事を尽くして天命を待つ」としか言いようがない。

将来の医療技術に関しての予測もなされている（第6章を参照）。医療技術の進歩によって、さまざまな面で、事態が好転することが期待される。しかし、不確実性が大きい。

経済的問題は、予測可能で、自己努力で改善できる

健康状態が偶然の要素で大きく左右されるのに対して、経済的条件は、不確実性はあるものの、かなりの程度まで予測することができる場合が多い。例えば、どの程度の額の年金を将来受給できるかなどだ。

また、経済的条件については、個人の努力で改善できる面が大きい。例えば、リスキリングを行なって能力を維持しあるいは高め、仕事を続けられる期間を長くすることができるだろう。

だから、終末に向けて、さまざまな情報を収集し、早くから準備すれば、将来の事態を改善することができる。健康問題と経済問題のこのような違いは大きい。

本書は、このような観点から、終末格差を決める条件のうち、経済的な問題に焦点をあてて議論することとする。

序章のまとめ

1．日本人の生活スタイルが変化し、子供たちが独立した世帯を構えるようになって、介護の問題などが深刻化し、終末の迎え方に大きな個人差が生じることになった。

2．終末生活は、さまざまな要因によって影響される。健康は重要な要素だが、運によって左右される面が大きい。

本書では、経済面の条件を取り上げる。これについては、予測できる面が多いし、努力で改善できる。さまざまな情報を集めて、早くから準備しよう。

第1章　老後資金としていくら必要か？

1．大議論を呼んだ老後資金２０００万円問題

2000万円貯めれば十分なのか？

老後生活のために、退職するまでにどれだけの貯蓄を用意する必要があるだろうか？　格別の貯蓄をしなくても、公的年金だけで生活ができるだろうか？

これは誰もが大きな関心を持っている問題だ。２０１９年に、これが大きな社会的問題として取り上げられた。きっかけは、金融庁の金融審議会市場ワーキング・グループが、老後生活資金に関する報告書「高齢社会における資産形成・管理」を作成したことだった。

5月22日にその内容が明らかになり、朝日新聞が「人生１００年　蓄えは万全？　「資産寿命」国が世代別に指針」との記事を5月23日に掲載した。この記事が元となって、「老後の

ために2000万円必要」との騒動が起きた。

「年金だけでは老後生活を送れないというのは、公約違反だ」とする意見が起こり、国会でも問題となった。結局は、麻生《あそう》金融担当相（当時）が、提言の受け取りを拒否するという異例の事態になった。

しかし、問題にされるから議論を止めてしまうというのは、おかしな話だ。重要な問題だからこそ、徹底的に議論を進めることが必要だ。

老後生活資金の問題は、すべての国民が強い関心を寄せている問題だ。2025年には、公的年金制度の改革が予定されている。この機会に、老後資金問題をもう一度検討する必要がある。

2000万円も自分で準備しなければならないのは、公約違反か？

多くの人が問題としたのは、つぎのことだった。年金だけで老後生活を送れると思って安心していた。それなのに、2000万円も自分で準備しなければならないというのでは、大変だ。

野党は、年金だけで老後生活を送れることが望ましいとし、「政府が〈百年安心〉と言っていたにもかかわらず、2000万円の貯えが必要というのはおかしい」と批判した。

それに対して、安倍晋三《あべしんぞう》首相（当時）は、報告書は「乱暴な議論で不適切」と答弁した。麻生太郎大臣は、報告書の受け取りを拒否した。

このように、野党も政府も、報告書が不適切だという点では一致していた。

そして、老後資金問題についての議論を封印してしまったのだ。

本当の問題は、「2000万円貯めれば十分なのか?」

前項で述べた野党の反応は間違っている。政府は、年金だけで老後生活が送れるとは、一度も約束したことがない。

問題とすべきは、「65歳時点で２０００万円貯めていれば、それで十分なのか？」ということだったのだ。

この計算は、若い人々にとってこそ必要なことだ。なぜなら、蓄積は長年の努力の結果としてしか実現できないからだ。

そして、必要な資金は個人によって異なるから、個人個人の計算を、公的な情報提供サービスが提供してもよいと思われる。「老後資金２０００万円問題」をきっかけにして、そうした動きが活発化してもよかったのだが、残念ながら、目立った進展は見られなかった。こうしたこともあり、この問題への答えは、未《いま》だにはっきりしない。

また、仮に年金水準を引上げるのであれば、消費税の税率を10％超に引き上げることが不可欠になる。それにもかかわらず、野党は消費税の引上げも反対としている。これでは矛盾した主張だ。また、政府の反応も不可解だ。

2．将来の年金額が減れば、老後資金に３０００万円強必要

年金制度改革の影響

金融審議会の推計では、将来受給できる年金額として、現在の年金額を用いている。しかし、現在の年金額が将来も続く保証はない。

実際、第4章で見るように、年金額が将来減少してしまうことは、大いにあり得る。まず、年金の水準が現在より低下することが大いにあり得る。そうなると、必要貯蓄額が増えることになる（第4章の4参照）。あるいは、支給開始年齢が、制度改正で、例えば70歳に引き上げられることもあり得る（第4章の10参照）。そうなると、老後生活には甚大な影響が及ぶ。なぜなら、現在の支給開始年齢から70歳までの生活資金として年金に頼ることはできなくなるからだ。

厚生年金の支給開始年齢の引上げは、２０２４年の財政検証でも全く議論されていない。

しかし、２０４０年代を考えると、ありえないことではない。というより、大いにあり得ることだ。

そのように考える理由は、財政検証が実質賃金についてあまりに甘い見通しの上に構築されていることだ。実質賃金が増加すれば、年金財政は著しく好転するのである。

しかし、現実には、実質賃金の対前年比は、２０２４年5月まで26ヵ月間連続でマイナスだった。6月にはやっと対前年比がプラスになったが、今後安定的にプラスになるかどうかは、はっきりしない。実質賃金の伸び悩みが続くことは大いにありうる。そうなれば、財政検証で想定した年金収支は、大きく変わってしまうのである。

こうした問題については、本章で詳しく検討することとするが、65歳時点における必要貯蓄額が３０００万円になってしまうことは十分あり得る。それどころか、５０００万円になることさえあり得る。必要貯蓄額がいくらになるかを決める最大の要因は、将来の年金額なのである。

金融審議会の計算からわかるように、高齢者の収入の大部分は年金だ。だから、それが変われば、現時点での必要金額が大きく変わってしまうのは、考えてみれば、当然のことだ。

退職金でもクリアできない

厚生労働省の2019年国民生活基礎調査によれば、貯蓄額が3000万円を超えている世帯は、全世帯で8.9%、高齢者世帯で10.8%でしかない。だから、老後生活必要資金が3000万円を超えれば、それに対応できるのはごくわずかな人々だけだ。

必要資金が2000万円であれば、退職金を2000万円もらえる人は、なんとかクリアできる。もっともそれは、一部上場の大企業で、大学卒の正規社員の場合だ。すべての人がそれだけの退職金を期待できるわけではない。とくに問題なのは、非正規職員だ。これらの人々は、退職金がない場合も多い。

ましてや3000万円必要ということになれば、大学卒の大企業正規社員でも、退職金だけでは、まったく足りない。

では、70歳支給開始になったとき、会社に70歳までの雇用延長を期待できるか？　いままでも、50代後半に役職定年で給与が激減する人が多い。これからはもっと厳しくなるだろう（この問題は、第3章で詳しく論じる）。

以上を考えると、ほとんどの人々が老後生活資金を賄えないことになる。生活保護の支えが必要な人が多数出るだろう。

図表1－1　無職・高齢者世帯の実収入と実支出（月額、円）

		2017年	2023年	2023年/2017年	増加額（円）
A	実収入	209,198	255,973	1.22	46,775
	社会保障給付	191,880	203,305	1.06	11,425
	うち公的年金	191,019	201,929	1.06	10,910
B	実支出	263,718	286,176	1.09	22,458
	赤字（B-A）	54,520	30,203	0.55	-24,317
	金融資産純増	-37,701	4,540		42,241

家計調査のデータにより著者作成

3．老後への必要貯蓄額は、用いる支出データでも大きく違う

最近のデータで計算し直せば、どうなるか？

前節では、収入のうち年金額が変わると結果が大きく変わってしまうという問題を述べた。計算に用いる基礎データが変わると、結論が変わるという場合はかなり多い。

本節では、その問題を検討しよう。

金融審議会が用いた支出のデータは、家計調査の「高齢夫婦世帯、無職」の２０１７年の計数であった。この数字は、図表１ｰ１の２０１７年の欄に示すとおりだ。

これは、夫65歳以上、妻60歳以上の無職の世帯であり、実支出と実収入との差額が、月額で５４、５２０円、年額で６５４、２４０円になっている。

これを貯蓄の取り崩しで賄うとし、今後20〜30年間の人生があるとすれば、不足額の総額は単純計算で1、300万円〜2、000万円になる。金融審議会のレポートは、このように結論づけたのである（報告書p21）。

では、これと同じ手法を用い、データだけを最新のものに更新した場合に、どのような結論になるだろうか？

まず問題となるのは、家計調査のどこを参照するかだ。レポートが参照したのは、2017年家計調査の「（再掲）高齢者のいる世帯（65歳以上の者がいる世帯）（再掲）高齢夫婦世帯（夫65歳以上、妻60歳以上で構成する夫婦一組の世帯）無職世帯」という区分だ。しかし、2023年家計調査は、2017年とは異なる分類になっている。ここでは、「65歳以上の者がいる世帯（世帯主が65歳以上、無職世帯）」という区分を、2017年統計の前記の区分と比較することとした。

そこで、この区分のデータを用いると、図表1－1の「2023年」の欄に示したようになる。

実支出－実収入は30、203円となる。つまり、2017年の55．4％に縮小したことになる。こうなる原因として、2017年の数字は夫婦のみであるのに対して、2023年の数字はそれ以外の世帯員がいることがあげられる。それだけでなく、つぎのような要因によって実収入が増えたことも影響していると考えられる。

まず、公的年金給付増が１０、９１０円と、５．71％増加した。これは、インフレ・スライドが働き、かつマクロ経済スライドが限定的にしか機能しなかったことの結果だ（「マクロ経済スライド」については、第4章の1を参照）。このほかに、配偶者控除に関する制度改正の結果、配偶者が非正規労働者になるケースが急激に増えたことの影響もあると思われる。

老後生活資金は、１０００万円あればよい？

２０２３年家計調査のデータを用いて金融審議会の手法を用いれば、老後生活資金のための必要積み立て額は、３．０２×12×30＝１、０８７万円となる。

必要額は6年前と比べ約半分になってしまったわけだ。わずか6年の間にこのような大きな違いが生じるので、違和感を持つ人が多いだろう。

なぜ、急に半分になってしまったのだろう？　その理由は、実収入と実支出は、年金生活者の場合にはかなり接近した数字であることだ。したがって、差額の変動率が大きくなるのである。時間的にも変動するし、同じ時点でも、別分類項目のデータをとれば、かなり違う数字になることもある。

こうしたことがあるので、「実収入と実支出の差」という一つの数字だけを見て必要貯蓄額を判断してよいのかどうかは、大いに疑問なのだ。この点において金融審議会の推計は大きな問題を持っていたと言える。

別の指標を用いても、同じような性質のものであれば、同じ問題が生じる。例えば、金融資産の純取り崩し額を判断の基準にすることも考えられるが、これは実収入と実支出の差に類似したものなので、同じ問題が生じる。実際、2017年にプラスであった金融資産の純取り崩し額は、2023年にはマイナスに転じている（つまり、取り崩すのでなく、蓄積が進んでいる）。これを基準に考えれば、新たな蓄積は全くいらないということになる。だから、「本当に2000万円必要なのか、それとも不必要なのか？」と問われても、答えようがないのだ。

このように、老後生活資金問題については、基本的な方法論の点で、もっと十分に議論すべき点があった。本来は、こうした問題について、踏み込んだ議論がなされるべきだった。しかし、実際には、2000万円という数字だけが一人歩きしてしまい、しかも途中で議論が封印されてしまった。これは、誠に残念なことだった。

不測の事態への備えとして積み立てが必要

いまひとつ考慮すべき大きな問題は、不確実性への対応だ。

まず、病気で入院したり、介護が必要になったりという事態があり得る。そうなれば、支出が増えるし、働けなくなるので収入が減る。だから、いまの時点で実収入が実支出を上回っているとしても、将来ともそうである保証はない。したがって、不測の事態に対応するために積み立てが必要だ。とくに介護は、多くの人にとって避けられないものだ（これについての具体的な問題は、第5章で検討する）。

老後生活資金の問題に戻れば、不確実性が大きい場合、平均的なケースの数字は判断の適切な基準にはならないのである。金融審議会の方法論は、リスクへの対処法の基本を無視したものだと言わざるを得ない[注]。

なお、大病など不測の事態に対応する必要から考えると、株式投資が適切とは言えない。資金が必要になった時にたまたま株価が下がっているかもしれず、その場合には充分な資金が得られないからだ。老後資金が預金であることには、一定の合理性があると考えることができる（この問題については、第2章で再論する）。

また、こうした緊急生活資金への対応は、個人が金融資産を積み立てるのではなく、融資制度を拡充することによって行なうことも可能である。とりわけ、居住用不動産を担保とする制度が考えられる。

以上を考えると、金融審議会のレポートは、政府が推進しようとしているＮＩＳＡ（少額投資非課税制度）の宣伝のためのものではないかと勘ぐられても、やむを得ない面があった。

（注）ただし、報告書の17ページで、つぎのような警告は発している。「（この計算は）特別な支出（例えば老人ホームなどの介護費用や住宅リフォーム費用など）を含んでいないことに留意が必要である」

4．高齢者の生活の実態

日本でも普通になった「年金生活者」

本章ではこれまで、「老後生活への準備として、退職までにいくら貯蓄しておく必要があるか？」という問題を考えた。

この節では、高齢者の実態がどうなっているかをみよう。

高齢者の生活一般については、内閣府『高齢社会白書』が全般的な状況を説明している。ここでは、年金生活者を中心として、高齢者世帯の経済的側面を、やや詳しく見よう。

ところで、「年金生活者」という言葉を私が初めて知ったのは、学生時代にドストエフスキーの小説を読んだ時だ。この小説には、『罪と罰』の主人公ラスコーリニコフの母親プリヘーリャなど、年金生活者が何人も出てくる。当時の日本では年金だけで生活することなど考えられなかったので、大変興味をひかれた。

それから60年以上経ったいま、日本でも年金生活者は普通の存在になった。私の友人たちは、いまや大部分が年金生活者だ。しかも、彼らの多くは、ドストエフスキーの小説に登場した年金生活者とは違って、経済的に優雅な生活を送っている。

では、その人たちはどれだけの年金を貰《もら》い、どれだけの生活費を使い、そしてどれだけの資産を持っているのだろうか？

これを直接、相手に尋ねるのは、なかなか難しい。実際、「同窓会やクラス会で、年金額を話題にしてはいけない」と言われる。自分より年金がずっと多い人がいると、心は穏やかでなくなるからだ。

年金生活者の実態は、家計調査で分かる

しかし、年金生活者がどれだけの年金を貰ってどのような生活をしているかには、誰しも興味がある。そして、その情報を入手する手段はある。

個々の具体的な人の年金額ではなく平均的な数字だが、家計調査を見れば、かなりのことが分かるのだ。

ただし、このデータを得るには、ちょっとしたノウハウが必要だ。

家計調査自体はよく使われる一般的な統計なのだが、年金生活者の実態を知りたいとなると、それを示している表がどこにあるかを見出《みいだ》すのは容易でないからだ。公表されている家計調査の統計表には、さまざまな観点から分類されたきわめて多数のものがあり、しかも、それらがあまりうまく整理されていない形で提示されているので、初めて見る人は、混乱状態に陥るだろう。

年金生活者の最新のデータは、次のところにある。「2023年、家計調査、家計収支編。3－12、(高齢者のいる世帯)世帯主の就業状態別、2人以上の世帯」を検索語として検索し、第3－12表を開く。ここには、多数の項目が示されているのだが、そのうち「65歳以上の者がいる世帯(世帯主が65歳以上、無職世帯)」を見る。これが、ほぼ年金生活者の概念に一致すると考えてよい。

この区分の属性は、つぎのようになっている。世帯人員が2．34人。世帯主の配偶者のうち女の有業率が11．1％。世帯主の年齢は76．4歳。

住宅については、持家率が94．1％で、広さは40．3畳だ。かなり広いと感じる(大都市ではもっと狭いだろうが)。年金生活者の多くは、居住条件については満足できる状態にあると考えることができるだろう。

平均年金額は、モデル年金の約9割

収入のうちの「公的年金給付」を見ると、月額２０１、９２９円となっている。年間では約２４０万円だ。

この額は、２０２４年度の厚生年金の「モデル年金」２３０、４８３円より少ない。「モデル年金」とは、厚生労働省が年金額の水準を決めるために使っている概念であり、標準的な世帯（平均的な賃金で40年間就業した夫と専業主婦の妻の世帯）の年金だ（日本年金機構、「令和6年4月分からの年金額等について」）。

家計調査のデータでの公的年金支給額がその年の厚生年金モデル年金より低い理由として、つぎの２つが考えられる。第１は、国民年金の受給者も入っていること（２０２３年の国民年金は、満額で66、２５０円）。第２の理由は、賃金が上昇した場合、既裁定者の年金は、物価上昇分はスライドして増えるが、実質賃金上昇分は増えないことだ（モデル年金は、その年に新規裁定される人の年金）。

「所得代替率」とは、公的年金を受給し始める65歳時点のモデル年金額が、その時点の男性現役世代の平均手取り収入（賞与込）と比較して、どの位の割合かを示すものだ。この数字は、財政検証で公表している。２０２４年の財政検証では、所得代替率は61．２％だった

（第4章の2参照）。

政府は、所得代替率が50％を下回らないことを政策目標としている。退職後の年齢になれば、子育ては終わっており、子供の教育費等を負担する必要はないから、働いていたときのほぼ半分の収入で生活が成り立つというのは、納得できる考えだ。

なお、年金以外にも収入はある。いま考えている区分の場合、世帯主の勤労所得は、「無職世帯」という定義によりゼロだが、配偶者やその他の世帯員の収入が、2023年で月31、318円ある。その他にも収入項目があり、これらと公的年金額を合計したものを「実収入」と呼んでいる。2023年では、月額255、973円だ。

支出はいくら？

支出は、「実支出」という概念で示されている。月額286、176円だ。

支出の内容を見ると、最大のものが食料で、月額76、062円。つぎが交通・通信費で、31、439円だ。

以下、つぎのようになっている。

住居：16、304円（うち設備修繕・維持13、455円）、光熱・水道：23、809円、家具・家事用品：10、864円、被服及び履物：5、346円、保健医療：16、210円、

教養娯楽：２３、８６１円、その他の消費支出：４８、６８１円、直接税：１３、３６７円、社会保険料：１９、８６４円。

決して豪勢な生活というわけではないが、まともな生活だと考えてよいだろう。黒字（実収入－実支出）は△３０、２０３円（つまり、赤字になっている）。これを、預貯金引き出しや保険金などで補塡《ほてん》している。

保有資産の平均値はかなり高い

金融資産の保有状況に関する統計は、家計収支編とは別系統の統計である「貯蓄・負債編」にまとめられている。

２人以上の世帯のうち世帯主が65歳以上の世帯（２人以上の世帯に占める割合42．６％）について２０２２年をみると、貯蓄額[注1]の平均が２、４１４万円だ（「貯蓄・負債編」統計の図Ⅲ－５－１）。

この数字を見ると、多くの人が、「自分の金融資産保有額に比べるとかなり多い」と感じるだろう。これは金融資産の分布の特性による。詳しくは、つぎのとおりだ。

一般に、金融資産の分布は、「パレート分布」という分布になっている。これは、身長や体重などの「正規分布」とはかなり違う性質を持つ分布だ。極めて大きな値が、ごく少数ある。このため、平均値は、多くの人が感じる実感より、かなり高い値になる。

金融資産は、ごく一部の少数の人々が極めて多額の資産を持っている。このため、平均値の計算においては、それらの人々の影響が大きくなり、日常的な感覚に比べると、高い値になるのだ。

そこで、貯蓄保有世帯の中央値を見ると、1、677万円だ。[注2] これは、多くの人が持っている感覚に近いだろう。

（注1）家計調査「貯蓄・負債編」では「貯蓄額」と呼んでいるが、「貯蓄」はフローの概念なので、正しくは、「資産額」という言葉を用いるべきだ。

（注2）貯蓄保有世帯の中央値とは、貯蓄0世帯を除いた世帯を貯蓄現在高の低い方から順番に並べたとき、ちょうど中央に位置する世帯の貯蓄現在高。

金融資産の大部分が、預金

前項で見たのは、2人以上の世帯のうち、世帯主が65歳以上の世帯だ。そして、収入・支出で見たのは、このうちの無職世帯だ。そこで、2人以上の世帯のうち、世帯主が65歳以上の無職世帯（2人以上の世帯に占める割合32．0％）の1世帯当たり貯蓄現在高を見ると、平均値は2、359万円となり、前項で述べた値より少し低くなる（「貯蓄・負債編」統計の図Ⅲ−5−2）。

貯蓄の種類別に1世帯当たり貯蓄現在高をみると、定期性預貯金が865万円と最も多く、ついで通貨性預貯金が699万円、有価証券が400万円、「生命保険など」が390万円、金融機関外が5万円となっている。

こうした現状に対して、「預金に偏りすぎており、株式投資を増やすべきだ」との意見がある。しかし、こうした考えが適切か否かは、疑問だ。高齢者になってからは入院や介護などで不意の出費があり得るので、常にそれに対応できる流動性の高い資産を持っていることが必要だからだ（この問題についての詳しい議論は、第2章で行なう）。

実物資産面はどうか？　すでに述べたように、持ち家率は極めて高い値であり、しかも広い住居だ。この資産価値がどの程度になるかは、住んでいる地域にもよるので一概には言えないが、金融資産よりかなり高額になる可能性が高い。

生活保護受給世帯の半数以上が高齢者世帯

厚生労働省の「生活保護の被保護者調査」（2024年3月概数）によると、生活保護受給世帯は全国で164万2228世帯だが、そのうち高齢者世帯が91万903世帯と、55．5

%を占める。内訳は、単身高齢者世帯が51．5%、2人以上世帯が4．0%となっている。

厚生労働省の「生活保護制度の現状について」（2022年6月）によると、他の世帯類型の生活保護者は、時系列的にほぼ一定、あるいは減少傾向にあるのに対して、高齢者世帯の受給世帯数は増加している。年齢階級別被保護人員の年次推移を見ても、65歳以上の者の増加が続いている。このように、高齢者世帯の貧困が、深刻な問題だ。

『令和5年版高齢社会白書』によると、2021年において、65歳以上の者のいる世帯数は2、580万9千世帯（全世帯数5、191万4千世帯の49．7%）。したがって、そのうちの生活保護受給世帯は、3．5%ということになる。この割合を高いと見るか低いと見るかの判断は難しいが、無視できる割合とはいえないだろう。

ただ、96．5%の高齢者世帯は、生活保護を受けずに自力で老後生活を送っていると見ることもできる。このことも重要だ。

東京23区では、65歳以上70歳未満の1人暮らしの場合、生活保護費は13万5800円だ。内訳は生活扶助基準額が76、880円、住宅扶助が53、700円まで。65歳以上70歳未満の夫婦2人暮らしの場合、生活保護費は18万3、920円だ。内訳は生活扶助基準額が11万9、920円、住宅扶助が64、000円まで。

65～69歳では就業率が5割を超えている

労働力統計によると、就業率は、総数では61．2％だが、65歳以上でも25．2％になる。65～69歳では52．0％だ。70歳以上でも18．4％になる（2023年男女計）。

なお、「就業率」とは、その年齢階層の総人口に占める就業者の割合だ。就業者は、従業者（収入を伴う仕事をしている者）と休業者（仕事を持っていながら病気などのため休んでいる者）の合計。

このように、働いている人が65～69歳では半数を超え、70歳以上でも2割近くいることに注意が必要だ。ただし、非正規が多くなる。

第1章のまとめ

1．2019年に、老後資金として65歳時点で2000万円必要との金融審議会報告書が公表され、大議論を引き起こした。

問題になったのは、「年金だけで老後生活を送れると思っていたが、2000万円も自分で準備しなければならないのか」ということだった。しかし、この反応は間違っている。政府は年金だけで老後生活ができるとは言っていない。

しかし、本当にいくら必要なのかは、結局のところ、うやむやのままに終わっている。問題とすべきは、「2000万円貯めれば十分なのか?」ということだった。つまり、ここで想定されている老後生活資金を、公的年金と貯蓄で賄えるかどうかだった。この答えは、未だにはっきりしない。

2．老後生活必要資金問題は、いまも重要な問題だ。ただし、必要額がいくらになるかは、将来の年金の水準や支給開始年齢によって、大きく違う。将来の年金の水準が低下したり、支給開始年齢が引き上げられたりすれば、用意すべき老後資金は3000万円を超えるだろう。

3．老後資金としていくら必要かは、用いるデータによっても、結論が大きく異なる場合がある。本来は、必要資金評価の方法論についての議論を深める必要がある。

4．年金生活者の実態をみると、年金平均収入は世帯月額で約20万円だ。世帯としての収入は、配偶者の収入などを加えた月25．5万円程度となる。他方、支出月額は、食費7．6万円など約28．6万円となっている。

第2章　投資戦略で老後を守れるか？

1．新ＮＩＳＡは救いの神なのか？

新ＮＩＳＡが流行になった

第４章で見るように、公的年金が十分かどうか疑問だ。だから、老後生活のための貯蓄が必要になるだろう。

こうした状況下で、新ＮＩＳＡが２０２４年１月に発足した。これが、老後資金問題の解決策なのだろうか？

そう考えている人が多いようだ。事実、新ＮＩＳＡが発足すると、資金流入が爆発的に増加し、社会的な流行ともいえる現象を引き起こした。

ただ、老後資金の積み立て手段として新ＮＩＳＡが最適なものかどうかは、以下に見るように、疑問だ。この問題は、冷静に考える必要がある。

NISA(NIPPON Individual Savings Account)とは、少額投資非課税制度。2014年から10年間(2023年まで)という期限付きで実施されていたが、2024年に制度改正が行われた。

日本証券業協会によると、証券10社の2024年1~5月のNISA口座の新規開設数は、224万件と、前年同期の2.6倍だった。NISA口座を通じての買い付け額は6兆641億円と、前年同期の4.2倍となった。

新NISAによる税制上の利益は大きくない

新NISAがどれほど有利なものかを判断する場合、次の2つを区別して考える必要がある。

①新NISAによる税制上の特典は、どの程度の大きさか?

②資産を預金ではなく株式投資や投資信託などで運用するのは、どの程度有利か?

まず、①の問題について考えよう。

日本の税制では、株式や投資信託などから得られる収益については、総合課税ではなく、分離課税を選択することができる。税率は所得金額によらず、一律に20．315％（所得税率が15％、住民税率が5％、復興特別所得税率が0．315％）。新NISAを選択すれば、これがゼロになる（成長投資枠で240万円、つみたて投資枠で120万円、合計年間360万円まで非課税で投資することができる）。

これは確かに税制上の優遇措置なのだが、その大きさはどの程度のものだろうか？

新NISAの投資限度額は1800万円なので、毎年、順次積み立てていく場合を考えれば、平均残高が900万円だ。収益率が3％であるとすれば、収益は27万円。分離課税を選択した場合の税額は、5．5万円である。新NISAを選択すればこれがゼロになるのだが、これは、目の色を変えるほどの大きな利益とは考えられない。

しかも、新NISAを選択した場合には、「損失の繰越控除」という税制上の特典を失うことに注意が必要だ。株式の投資はリスクが大きいため、株式や投資信託などを売却した場合に生じた損失のうち、その年に控除しきれない損失金額が残る場合がある。こうした場合には、翌年以降3年間にわたって、株式等の譲渡所得から譲渡損失の繰越控除ができる。こうすれば、平均的な税負担が低くなる。これはリスク投資に関してはかなり重要な措置なのだが、新NISAを選択した場合には、その特権を放棄することになる。

以上を考慮すると、新NISAは、さほど大きな税制上の特権を与えているとは思えない。

宣伝に乗らないこと

新NISAが長期的な貯蓄の手段として有利なものであるかどうかは、様々な条件に依存しており、確実とは言えない。このことを考えると、最近のNISAブームが異常なものであることを否定できない。

ブームになっている大きな理由は、新NISAの有利性が大きく宣伝されているからだろう。金融機関が新NISAを大々的に宣伝するのは、当然のことだ。金融機関にとっては、預金を受け入れても手数料は発生しないが、株式投資や投資信託への投資であれば手数料収入が期待できるからだ。金融機関が新NISAの導入を大きな商機と考えていることは間違いない。

銀行預金を宣伝する銀行はない。手数料をとれないからだ。それに対して、新NISAには、巨額の宣伝費が投入されている。手数料をとれるからだ。まずこのことをしっかり理解する必要がある。

個々の投資者の資産がどうなるかに、金融機関が本当に深い関心を寄せているかどうか、分からない。沢山売れて手数料収入が入ればよいと考えているのかもしれない。

また、政府は、公的年金が不十分なので、新NISAで資産形成することを求めているようにも見える。しかし、これで必ず老後資金が確保できるというわけではない。

2．リスクを考慮する重要性

株式投資の期待収益率が高いのは、リスクが大きいから

つぎに、前記②の問題、つまり、「株式投資などは預金に比べてどの程度有利なのか？」という問題を考えよう。

株式投資などの平均収益率は、預金などの安全資産の利率に比べて高い。しかしこれは、株式投資の収益が確実ではなく、大きく変動すること、場合によっては損失を被る場合もあることなどのためのもので、当然のことだ。安全資産との収益率の差は、「リスクプレミアム」と呼ばれる。

収益の不確実性が大きくなるほど、リスクプレミアムは高くなる。だから、平均的な期待収益率が高いからといって、格別有利な投資対象ということにはならない。

資産保有者の立場から見て、リスクのある運用が必ずしも望ましいわけではない。

ファイナンス理論の最も重要な結論は、「期待収益率だけを見て資産選択をしてはいけない」ということだ。

なぜリスクプレミアムが発生するか?

なぜリスクプレミアムが発生するのだろうか? その理由を、簡単な数値例で説明しよう。

いま、500万円の貯蓄を持っている人がいるとする。その人に、2つのチャンスが提供されたとする。

第1のチャンスを選べば、500万円が確実に550万円になる。だから、収益率は10%だ。

第2のチャンスでは、収益に不確実性があり、2分の1の確率で資産が4500万円になるが、2分の1の確率で0円になる。平均的な収益は3500万円であり、平均収益率は700%だ。

では、人々はどちらを選ぶだろうか? 多くの人は、平均収益率が低いにもかかわらず、第1のチャンスを選ぶだろう。なぜなら、第2のチャンスを選ぶと、資産が0になってしまう危険があるからだ。そうなった場合には生活が立ち行かなくなり、極めて困難な状況に陥る。そうした状態は避けたいと、多くの人が考えるだろう。

つまり、第2のチャンスで資産が4500万円に増える可能性があることは魅力だが、それよりも、資産が0になる事態を避けたいと考えるだろう。経済学では、このことを「限界効用が逓減《ていげん》的である」と表現する。

ここで、第３のチャンスが提供され、それは2分の１の確率で資産が９００万円になるが、２分の１の確率で２００万円になるものだとしよう。

この場合の平均的な収益は１００万円で、平均的な収益率は20％だ。この場合には、資産がゼロになるという最悪の状況は避けられる。そのため、多くの人々は、第３のチャンスは第１のチャンスと同じものだと評価したとしよう。

その場合、収益率が10％でリスクのないチャンスと、平均収益率が20％でリスクのあるチャンスが同じように評価されていることになる。平均収益率の差である10％は、リスクを取ることに対する報酬だ。これを「リスクプレミアム」という。

どの程度のリスクを取れるかは、人によって違う

リスクと平均収益率のどのような組み合わせがよいかは、年齢や生活の余裕度、貯蓄額など、様々な条件に依存する。いちがいに、高リスク高収益が望ましいとは言えない。

どの程度のリスクを取れるかは、個人の事情によって違う。年齢が若ければ、損失をこうむっても、後で取り返せるかもしれない。しかし、高齢者になっては、取り戻すだけの時間の余裕がないかもしれない。

一般に、高齢者はより安全を重視すべきだろう。老後のための貯蓄もそうだ。余裕があれば、その余裕の部分をリスクの高い投資にまわすということは考えられるが、基本は安全資産を保有する必要がある。

借入で実物資産を購入すれば？

預金などの名目資産の保有額を、減少させるだけでなく、さらに進んでマイナスにしたらよいという考えもある。つまり、借入をして投資をするのだ。個人であれば、住宅ローンを借りてタワーマンションに投資するといったことだ。

平均的に言えば、借入をして実物資産に投資すれば、利益が得られる。なぜなら、実物資産の収益率はローンの利率よりも高いからだ。

企業は、銀行借入や社債の発行で得た資金を実物資産に投資しているので、利益を得られる。その株主も、この利益の一部を得られる。

ただし、これは平均的にそうなるということであって、個々の場合を見れば、こうした投資のすべてが利益をもたらすわけではない。場合によっては損失が発生する場合がある。その場合には借り入れを返済することができなくなる。

企業の利益はさまざまな要因によって影響される。だから、すべての企業やすべての株主が、あらゆる場合に、必ず利益を得られるわけではない。

個人が住宅ローンという名目負債を負って住宅という実物資産を購入する場合も、購入した住宅がどの程度値上りするかは、地域や住宅の種類などによって大きく異なる。そもそも、値上がりするかどうかさえ、定かではない。仮に値下がりすれば、住宅ローンを返済することができなくなるかもしれない。

このように、貯蓄から実物資産投資に移行することが、どんな場合も望ましいことであるとはいえない。

以上で述べたことは、インフレ期における資産運用という問題に関して、重要な意味を持つ。これについては、本章の8で述べる。

3.「貯蓄から投資へ」という政策の誤り

「貯蓄から投資へ」？？？

多くの人々が新ＮＩＳＡで株式投資を始めたのは、政府がそれを後押ししていたからだ。

岸田《きしだ》前内閣は「貯蓄から投資へ」というスローガンを掲げ、新ＮＩＳＡを政策の柱として位置づけた。２０２２年6月7日に発表された「経済財政運営と改革の基本方針（骨太の方針）」では、「資産所得倍増プラン」を掲げ、その実現手段としてＮＩＳＡやｉＤｅＣｏの拡充・改革を挙げた。

そして、２０２３年６月30日の「資産所得倍増元年－貯蓄から投資へ」というメッセージで、「今年を「資産所得倍増元年」とし、「貯蓄から投資へ」のシフトを大胆かつ抜本的に進めていく」とした。その具体的手段として、「ＮＩＳＡを抜本的に拡充しました」と述べた。

しかし、この考えには、多くの疑問がある。

まず、「貯蓄から投資へ」というスローガンは、経済学的にみておかしい。なぜなら、「貯蓄」とは可処分所得から消費を引いたものであり、「投資」とはＧＤＰを構成する支出項目だから、対立する概念ではない。そして、貯蓄は必ず投資に回される（ただし、在庫投資も投資の中に含む場合）。つまり、「貯蓄から投資へ」という資源の流れは必ず生じているのである。

「貯蓄から投資へ」との主張をする人が言いたいのは、「預金するのでなく、株式投資がよい」ということだ。つまり資産運用の対象を変えるべきだという主張である。

しかし、「預金をやめて株式投資せよ」とは、あまりに乱暴なアドバイスだ。なぜなら、前節で見たように、株式投資は期待収益率が預金より高いが、それはリスクが高いからだ。

右に見た岸田前首相のメッセージの中にはリスクへの言及はない。本当に資産運用者の立場に立った助言であれば、株式投資にはリスクが伴うということを、もっと強調すべきだ。

リスクとリターンを慎重に考慮した投資が必要

「貯蓄から投資へ」と主張する人々は、リスクの高い資産運用が望ましいとしている。しかし、本章の2で見たように、そのように言うことはできない。正しくは、「リスクとリターンを慎重に考慮した投資が必要」と言うべきだ。

「定期預金などリスクの低い資産保有は、愚かな資産運用法である」とか、「日本経済にとって望ましくない」などということはない。

新ＮＩＳＡを利用しないのは愚かなことだという考えが広がっている。しかし、リスクが高い投資への移行は、必ずしも望ましいものではない。

証券投資が定期預金より有利だということを示す広告には、過去10年間で株式投資を行うと資産総額が2倍になったというような説明がある。しかし、それは、たまたまこの期間に株価が上昇したことを示す以外の何物でもない。１９８０年代を基点にすれば、資産総額は減少しているはずだ。

そして、株価が将来どうなるかは、誰にも予測できない。だから、株式投資をすれば将来の資産がいまより増加するという保証など、何もない。

日本企業の生産性低下を見ると、日本の将来の株価は、大きな不確実性に包まれていると考えるのが自然だ。それに、日本の株価は、日本銀行のETF購入に支えられたものであることを忘れてはならない。OECDからも強い批判を受けたETF購入が縮小・廃止されれば、株価がどうなるか、分からない。

以上で述べたことは、資産の運用を考える場合に最も重要なことだ。しかし、こうしたことを書いても、多くの人は興味を持たないだろう。多くの人が求めているのは、「株式投資で1億円儲《もう》けるには」といった類《たぐい》のことだからだ。

なお、余談だが、第1章で紹介した金融審議会報告書では、老後資金について、わずか、数行述べているにすぎない。それに対して、NISAについては、3の(3)のアで、2ページにわたって説明がなされている(p29～30)。

これを見ると、この報告書の目的は、「老後資金のために2000万円必要だ」と指摘することではなく、「2000万円必要なのだから、NISAを使って投資をしよう」と呼びかけることであったと考えざるをえない。その意味で、金融機関の宣伝文書のように受け取られかねないものであった。

新NISAが日本再生の鍵《かぎ》であるかのように言われることがある。しかし、そもそも、「貯蓄から投資へ」という考え自体が間違っているのだ。

4．確実に儲けられる方法はない

将来の価格を予測できるか？

仮に、何らかの方法で、将来の価格を予測できればどうか？　つまり、「市場を出し抜く」ことは可能か？　もし可能なら、極めて大きな収益を手にできるのではないだろうか？

これについては、昔からいろいろな方法が提案されてきた。古くから用いられてきた方法として、「テクニカル分析」と呼ばれるものがある。「罫線《けいせん》やチャートなどの手法を駆使して株価のデータを分析すれば、価格変動の法則を見出せるから、売買のタイミングが分かる」というのだ。

罫線分析は、株価や為替レートのデータのグラフによく示されている。商品市場など、さまざまな金融市場でも利用されている。価格の動きをグラフ化し、そのパターンから将来の価格の動きを予測しようとするものだ。

この分析では、主に「ローソク足」と呼ばれるグラフを使用し、開始価格、終了価格、高値、安値を視覚的に表現する。ローソク足チャート上の特定のパターンを識別し、それらが将来の価格動向にどのような影響を与える可能性があるかを分析する。また、トレンドラインや移動平均線などを使用して、株価の全体的なトレンドを分析する。これにより、市場が強気（上昇トレンド）か弱気（下降トレンド）かを判断するというのだ。

株価を予測する第2の方法は、企業や経済のさまざまな変数について分析を行なうことだ。これは、「ファンダメンタルズ分析」と呼ばれる。例えば、A社がガンの特効薬を研究しているとする。A社が発表したデータや報道を分析すると、近い将来に開発に成功する可能性が高いと判断されたとしよう。この場合、A社の株価は将来上昇し、したがって、投資をすれば利益を得られると考えられるだろう。

本当に有効な方法なら、公開されるはずはない

経済学者ポール・サミュエルソンは、つぎのように言っている。仮に前項で述べたような方法が有効だとしても、本当に有効な方法を見出した人、あるいはデータを持っている人は、それを自分1人でこっそりと使うはずであって、他の人に教えたり、公開したりするはずはないだろう。

教えてしまうというのは、その人の知能指数が低いことの証拠だ。そして、知能指数が低い人が考えだした方法であれば、その方法は間違った方法であるに違いない。サミュエルソンは、このように言っている。

つぎのように考えることもできる。

例えば、罫線分析によって、「ある株はいまが買い時」と結論されたとしよう。しかし、その結論が依拠している法則もデータも公知のものなので、その株はすでに買われており、価格が上昇してしまっているだろう。

また、前記A社の場合、発表したデータは公知のものだ。だから、他の人々もA社の株価上昇を予測し、投資しているだろう。したがって、株価はすでに高くなっており、今さら投資をしたところで、格別の利益を得ることはできない。

つまり、どちらの場合でも、公表されているデータから予測されることは、すでに株価に反映されてしまっている（「織り込み済み」になっている）のだ。

一般に、もし将来の株価を高める情報が公知なら、人々はそれを利用して、すでに取引を行なっているだろう。したがって、価格はすでに変化してしまっており、いまさら取引したところで、利益をあげる余地は残されていないだろう。

したがって、将来の株価は、現在は知られていない情報だけによって変動する。知られていない情報を予測することはできないから、将来の価格を予測することはできない。つまり、「株価はランダムに動く」と結論せざるをえない。

同様のことが、外国為替市場や国債市場など、多数の参加者がおり、大量の取引が行われる市場についても言える。

ウォーレン・バフェットは、投資の神様だとされている。しかし、バフェットは、他の人より優れた投資法を使っていたわけではない。たまたま運がよくて勝ち続けた人の名がバフェットだったというだけのことだ。『バフェットに学ぶ投資法』といった本が山ほどあるのだが、それらを読んで金持ちになったという話を私は聞いたことがない。

適切に予測された価格は不規則に動く

サミュエルソンの論文で、「適切に予測された価格はランダムに振舞うことの証明」というタイトルのものがある。「適切なものがデタラメ」とは、一見すると矛盾しているように思える（適切なら規則正しく動くように思われるから）。しかし、このタイトルは、資産価格の本質を表現しているのだ。

「市場は、利用可能な情報を、素早く正しく価格に反映させるだろうか？」とは、ファイナンス理論の最も基本的な問いの一つだ。そのような条件を満たす市場は、「効率的市場」と呼ばれる。

効率的市場仮説（Efficient Market Hypothesis、ＥＭＨ）は、これをさらに厳密に定式化したもので、１９６０年代にシカゴ大学の経済学者ユージン・ファーマによって提唱された（フアーマは、この業績でノーベル経済学賞を受賞した）。

この理論によれば、市場価格は常にすべての利用可能な情報を反映しているため、過去の価格データやパターンから未来の価格を予測することは不可能だ。この理論では、市場はランダムウォークをするとされ、過去のデータに基づいて、市場を上回るリターンを得ることは長期的には困難だとされる。

サミュエルソンの名言

健康を保つための秘訣《ひけつ》なら、その内容を無料であるいは非常に安い価格で他の人に教えることもあるだろう。しかし、投資法の場合には、確実に儲かる方法の開発者が、その内容を他人に教えるはずはない。

経済学者のポール・サミュエルソンは、これをつぎのように説明している。

優れた投資成績を上げられる能力をＰＱ（Performance Quotient）と呼ぶことにする。ＰＱの高い人は、ＩＱ（知能指数）も高いはずだ。だから、投資ノウハウを公表することはないだろう。なぜなら、明らかにしてしまえば、多くの人がその方法をまねし、開発者の利益は減少してしまうからだ。

だから、開発者は、われわれの目から隠れたところで活動しているはずだ。その方法がどんなものかを、われわれが知ることは、決してできない。

つまり、世の中に溢《あふ》れている「株式投資で一億円儲ける方法」などという本の著者は、IQが低いはずだ。だから、PQも低いに違いないと、サミュエルソンは言うのである。

ファイナンスリテラシーの教育で何を教えるべきか?

学校でファイナンスの知識を教えるべきだとの考えがある。実際にそうした授業を行なっている学校の様子を伝えた新聞記事があった。

そこでは、為替レートの将来の値を予測するコンテストをやっていると書いてあった。

こうした考えが堂々と新聞記事になるとは、驚き以外の何物でもない。ファイナンスリテラシーを教えるとは、「将来の為替レートの予測は不可能」と教えることなのだ。

もちろん、この世の中には、我々が想像できないこともある。だから、ある人がファイナンス理論の結論に反して、将来の為替レートを確実に予測できる手法を見出すということは、あり得る。しかし、ここで重要なのは、そのような方法を我々が知ることはできない、ということだ。

「確実に儲かる有利な投資など存在しない」

私はこれまで、ファイナンス理論の本を何冊も書いた。そこで強調した最も重要なメッセージは、「確実に儲かる有利な投資など存在しない」ということだ。

期待収益率が高い資産は、必ずリスクも高い。つまり、高い収益を得られるかもしれない投資は、同時に損失を被る可能性も大きい。これは、ファイナンス理論の最も基本的な命題である。

この原則を無視したための悲劇は、いくらでもある。その典型例が、バブルとその崩壊だ。

1980年代後半、日本の地価が異常に上昇した。日本の国土面積は狭く、土地総量を増やすことはできないので、地価は今後も上がり続ける。だから、不動産投資は、高い収益率を確実に実現できると言われたのである。土地の含み益を反映して、株価も上昇した。

右に述べたファイナンス理論の基本命題は、日本に限っては成立しないと主張する証券会社の新聞広告も現われた。

私は、『土地の経済学』（日本経済新聞社、1989年）、『バブルの経済学』（日本経済新聞社、1992年）という本を書いて、当時の地価や株価の上昇はバブルであることを指摘した。

確実に有利な投資など存在しないことを、日本人はバブルの崩壊によって、身をもって知らされた。

土地神話を信じて別荘地を買った人々は、いま、固定資産税や共益費の負担に苦しめられ、いくら売値を下げても売れないという事態に陥っている。この他にも、当時の不動産投資がもたらした悲劇は、山ほどある（本章の6参照）。

株価についても同様だ。土地の含み益増加に支えられて上昇した株価は、バブルの崩壊によって暴落してしまった。日経平均株価は、1989年12月29日の史上最高値3万8915.87円を取り戻すまでに、30年以上かかった。

5．利益を得るのは、「金採掘者を採掘する」人々

「金採掘者を採掘する」

最近の「新NISAブーム」を見ていて思ったのは、「ブームが起きて人々が一斉に走り出したときに、儲けるのは誰か？」ということだ。

1849年、カリフォルニアにゴールドラッシュが起きた。この時、世界中から集まった金採掘者の中で、金持ちになった人は1人もいなかった。あまりにたくさんの人が押し寄せてきたため、河原の砂金はあっという間に掘り尽くされてしまったからだ。

「オー・マイ・ダーリング・クレメンタイン」は、日本での替え歌は「雪山讃歌《さんか》」という勇ましい歌になっているが、元の歌は、川で死んだ金採掘者の娘を悲しむ青年の歌だ。

カリフォルニア・ゴールドラッシュで儲けたのは、「金採掘者たちを掘った人たち」だと言われる。英語では、「マイニング・ザ・ゴールドマイナーズ」という。

最初は、金を掘る道具（シャベルなど）を売った人たち。本格的な成功者は、金採掘者のために、丈夫なズボンを作ったリーバイ・ストラウス。このズボンは、「リーバイスのブルージーンズ」として、いまでも残っている。

駅馬車を運行したウェルズとファーゴの２人組も同じ。この駅馬車会社は、その後、時代の変化に適応させて仕事を変化させ、現在のウェルズ・ファーゴ銀行になった。

最高の成功者が、大陸横断鉄道を作ったリーランド・スタンフォード（スタンフォード大学の創始者）。この大学は、21世紀のゴールドラッシュであるIT革命を実現した。

日本の新NISAブームは、カリフォルニア・ゴールドラッシュに比べれば、ずっと小さいものだが、基本的なメカニズムは同じだ。

まず、これで得をしているのは、手数料を稼ぐ金融機関だ。それに対して、広告につられて新NISAに投資をしている人たちは、場合によっては大事な資産を失うだろう。

人々がある方向に一斉に走り出した時、走り出した人たちのほとんどは犠牲者になる。そして、その人たちをうまく利用した人が、つまり「採掘者を掘った人」が成功者になる。

6．バブルに乗ろうとした人々の悲劇

土地は必ず値上りすると、信じこまされた

日本で１９８０年代に生じたバブルは、本格的なバブルだった。そして、多くの犠牲者を生み出した。その半面、これで成功した人は誰だったろうかと考えてみると、誰も見当たらないのが哀れなところだ。

この時、多くの人が、株式投資に熱中した。まとまった資金を持っている人は、土地を購入した。土地は必ず値上がりすると、信じていたからだ。

と言うより、不動産業者の宣伝でそう信じこまされた。よく考えてみれば、日本の人口は将来減少するのだから、土地が不足するはずはない。それにもかかわらず、土地は必ず値上がりすると信じこまされた。そして、企業は大量の土地を持っているので、含み益が巨額になったとして、株価が上昇した。

原野商法の犠牲者たち

この頃、「原野商法」というものが横行した。「この土地は別荘地なので、将来絶対値上が

りします」として、原野を売却する会社が多数生まれたのだ。そして、その犠牲になった。私の友人や知人に、何人もいる。

別荘地を買っただけで利用できずに放置している人、実際に別荘を作って、一時は利用していたが、その後利用しなくなっている人、運転免許証を返納したので簡単にいけなくなってしまった別荘の様子が気になる人、等々だ。

こうした土地には、利用しなくても、固定資産税が掛かる。それに加え、管理組合から管理費や修繕積立金の請求がくる。固定資産税と管理費だけで年間１００万円以上になる場合も多い。

温泉を引いてあって、月額数万円の利用料や配管洗浄費などの負担がある場合もある。

こうしたコストを、今後いつまでも支払い続けなければならない。子供に相続すれば、子供が負担することになる。家族の誰も使わないのに、負担だけがかかる。

それだけでない。雑草が敷地に入ってくるので除草してほしいとの苦情が隣地からくる場合もある。見積りを取れば、相当な額になることも多い。

こうして、「昔買った別荘地をタダでもいいから手放したい」という人が、多数いる。タダなら手放せるだろうと思ってしまうが、タダでは、仲介手数料がないため、業者が扱ってくれない。業者に特別にお金を渡して処分してもらうことになる。

最近では、土地活用の管理会社などを名乗る業者から「別荘地を売りませんか」とか、「欲しい人がいる」などと連絡が来て、「広告を掲載すれば、半年以内に必ず土地は売れる」とし広告料などをだまし取る手口も出てきているようだ。


他力本願であることが問題。投資をするなら、自分自身に

以上の教訓は、「皆が同じ方向に走り出したら、警戒が必要」ということだ。

こうした考えに対して、「以上で述べたのは不動産であって、株式ならこうした事態にはならない。最悪の場合、ゼロになるだけだ」との意見があるかもしれない。

しかし、自分の努力でなく、株価の値上がりで儲けようという点では、地価の上昇で儲けようというのと同じ発想だ。

株式投資とは、基本的には、他人がやっている事業に期待することだ。自分は資金を提供するだけで事業には貢献せずに、そのおすそ分けをもらうという行為だ。それによって儲ける人も中にはいる。しかし、全ての人が儲けられるはずがない。他人の努力に依存して儲けるのは、基本的には難しいと考える必要がある。

自分がやっている事業でも、様々な偶然に支配されて、成功するとは限らない。ましてや、人がやっている事業は、コントロールできない。その会社の株価を上げることはできない。「預金をやめてNVIDIA株を買っている」という人が増えているとの報道もあった。バブルに乗ってゴルフ場の会員権を買ったのよりはマシだろうが、しかしこれですべての人が金持ちになれるわけではない。

それに対して、最も確実で収益が高い投資がある。

それは、自分自身に投資することだ。つまり、自己研鑽《けんさん》を積んで、能力を高めることだ。投資をするなら、自分自身に投資すべきだ。そして、時間や努力を、投資先を探すのに使うのでなく、自分自身の価値を高めるために使うべきだ。

この問題は、第8章で再び取り上げることとしよう。

7．政治の不安定化で、インフレの危険が高まる

政治の不安定化によって財政赤字が拡大し、インフレに

これまで2年間、世界的なインフレと円安で、日本はインフレに見舞われた。

この問題が完全に終わったとは言えないうちに、日本で新たな問題が発生した。それは、財政赤字の拡大によるインフレの危険である。

２０２４年10月の総選挙の結果、自民公明与党の勢力が激減し、今後の政策の遂行は難しくなった。部分連合によって様々な意見を取り入れ、総花《そうばな》的、八方美人的な政策が行われるだろう。このため、負担の引き上げが難しくなる半面で、歳出増の圧力が強まり、財政赤字が拡大するだろう。これが以下に述べるような問題を引き起こす危険が大きい。

ＭＭＴ（現代貨幣理論）が言うようにはいかない

バラマキ的な政策と負担は後回しは、経済にいかなる結果をもたらすだろうか？

とくに大きな問題は生じないという考えもある。

その代表が現代貨幣理論（ＭＭＴ）だ。これは、国債が内国債である限り、財政支出をいくらでも国債で賄うことができるという考えだ。

この考えは、一見したところ、もっともらしい。

なぜなら、第１に、国債が内国債である限り、自分自身に対する負債なので、格別の負担は発生しないように思われるからだ。

第２に、完全雇用経済では、財政赤字が拡大して需要が増加すると経済全体の需要が供給限度を超過してしまうので物価が上昇するが、不完全雇用経済であれば、遊休資源の活用によってＧＤＰが増大するから、金利や物価には影響が及ばないように思われるからだ。

しかし、以下で述べるように、この考えは間違っている。

財政赤字が増加すると、金利が上がる

マクロ経済学は、財政赤字が拡大すれば、金利が上昇し、インフレ率が高まると予測する。その理由を標準的なマクロ経済学の道具であるＩＳ・ＬＭ分析と総需要、総供給のモデルで説明すると、つぎのとおりだ。

ＩＳ・ＬＭ分析は、物価水準を一定にして、ＧＤＰと金利の関係を示すものだ。財市場での均衡を表す金利とＧＤＰの関係がＩＳ曲線で表わされ、マネーの市場における均衡をもたらす金利とＧＤＰの関係がＬＭ曲線で表わされる。

縦軸に金利、横軸にＧＤＰを取った図において、ＩＳ曲線は右下がりだ。なぜなら、金利が低ければ投資支出が増大してＧＤＰが増大するからだ。

ＬＭ曲線は右上がりだ。なぜなら、ＧＤＰが増えると取引需要のマネー（取引の決済などに用いられるマネー）に対する需要が増えるからだ。マネーの供給が一定であれば、資産保有目的のマネーの需要を減らす必要があり、そのためには金利が上昇する必要がある。

財政赤字が拡大すると、追加需要（財政支出、または減税で増加した消費支出）が発生するので、ＩＳ曲線が右にシフトし、遊休資源が活用される。このため、ＧＤＰが増加する。

ところがLM曲線は右上がりなので、IS曲線の右方シフトによって、均衡点が右上方に移動する、つまり、金利が上がる。

なお、ここで言う金利は実質金利であるから、後で述べるように物価が上昇すれば、名目金利はさらに上昇する。

金利が抑えられると、債券市場が混乱する

ところが日本では、金利上昇を阻止するような動きが生じる可能性が強い。まず、日銀が金利の上昇を認めないかもしれない。あるいは、政府が日銀に圧力をかけて、金利の引き上げを認めないかもしれない。

石破《いしば》総理大臣は、従来は、アベノミクスに対して批判的な意見を述べていた。しかし、自民党総裁に選出されると、180度転換し、日銀総裁に利上げ牽制《けんせい》の圧力をかけるようになった。

こうした圧力のために日銀が利上げできなくなると、資金調達市場が混乱する可能性がある。そして、債券市場で資金調達ができなくなる。2022年の秋に生じた状況の再現だ。この時には、金利上昇圧力が強まったにもかかわらず、日銀はイールドカーブ・コントロール政策に固執し、地方債や社債による資金調達に支障が出た。また、日銀がイールドカー

ブ・コントロールの撤廃に追い込まれることを見越した海外ヘッジファンドからの激しい投機に見舞われた。

物価が上昇する

以上で述べたのは、物価水準が一定に保たれる経済の分析である。しかし、物価の変動を考えると、財政赤字拡大の影響は以上にとどまらない。

これを分析するために、総需要・総供給のモデルを用いる。これは物価が変動する場合に、経済全体の均衡における物価とＧＤＰの関係を示す分析だ（この場合にも金利は動いているのだが、分析の表面には現れない）。

この分析では、縦軸に価格を、横軸にＧＤＰを取る。

価格を所与とした場合にＩＳ・ＬＭ分析から得られる均衡のＧＤＰを、様々な価格についてプロットした直線を、総需要曲線という。ＩＳ・ＬＭ分析からわかるように、総需要曲線は右下がりだ。

他方で、供給面を考えると、価格が高いほど供給が増えると考えられるので、総供給曲線は右上がりになる。これはフィリップスカーブと呼ばれる経験則から導き出された考えだ。

財政赤字が増加すると、総需要曲線が右に動く。ところが、総供給曲線は右上がりなので、物価が上昇する。つまり、インフレがもたらされる。

以上をまとめると、財政赤字の拡大によって、GDPの増加と金利の上昇、そして物価の上昇がもたらされることになる。

インフレ被害者の政治的な不満が強まる

多くの人の所得が、賃金という形で名目値で決められている。インフレが起こると、その実質価値が低下する。したがって、名目賃金を増大させ、実質賃金を一定にしなければならない。しかし、それができる企業とできない企業がある。

大企業の場合には可能だが、中小企業では難しい場合が多い。フリーランサーの場合には、もっと難しい。

一般に、取引の力関係で弱い立場にいる人は、インフレになったからといって、販売価格の引き上げを取引先に要求することはできない。インフレの被害者は、制度的に賃上げから外されている人々だ。

年金も名目値で決められているが、日本の年金制度ではインフレスライドがあるので、実質価値を維持できるように思われる。しかし実際には、マクロ経済スライドによって年金額が減額される。これまではインフレ率が低かったので発動されないことが多かったが、インフレ率が高くなれば発動される。すると年金額が名目で減額されることになり、インフレによって年金の実質価値が下落する可能性がある。

インフレによって利益を得る人は高所得である場合が多いのに対して、インフレによって被害を受ける人は低所得である場合が多い。つまり、インフレは逆進的な税率の税のようなものだ。インフレが最も過酷な税であると言われるのは、もっともなことだ。

したがって、貧富の差がますます拡大し、政治に対する不信と不満が強まるだろう。

8．インフレ時代には、預金でなく株式投資すべきか？

インフレで資産保有形態が変化するか？

これまで日本では、長期にわたって物価上昇率が低い状態が続いていた。しかし、ここ数年、この状況に変化が見られる。

まず、アメリカのインフレが世界各国に広がった。円安が進んだ日本では、輸入物価が高騰し、これが国内の物価を引き上げた。さらに、春闘での高い賃上げをきっかけに賃金が上昇し、それが物価に転嫁され物価が上昇する可能性がある。さらに、政治が不安定化したため財政赤字がさらに拡大し、これが物価上昇を加速させる可能性がある。

こうして、日本経済が新しい時代に入ったという見方が増えている。それはさまざまな経済活動に影響を与えるが、人々の資産保有形態にも影響を与えるとする見方がある。

まず、預金から株式や不動産への移行を進めるべきだと言われる。預金では利率は低いが、株式や不動産にすれば、預金の利率より高い収益率を得られるからだ（ここで、収益とは、配当や賃貸料、値上がり益など）。

インフレになれば、金利が上がる

以上のような考えに対して、いくつか注意すべき点がある。

まず最初に注意すべきは、インフレ率が高まれば、名目金利は上昇することだ。

経済活動に中立的な実質金利（自然利子率）は、実質ＧＤＰの潜在成長率に等しく、これは物価によっては影響を受けない。したがって、経済活動に中立的な名目金利（中立金利）は物価上昇率が高まれば、高くなる。そして預金の金利も上がる。

実際、すでに日本の金利は上昇しており、預金金利も上昇し始めている。

預金金利の引き上げが、インフレ率の上昇に遅れることはあるかもしれない。しかし、インフレ率だけが高まって、預金金利が変わらないという状況はありえない。

リスクの高い投資は平均利回りが高い必要

ただし、預金金利が上がるとしても、低いのは事実だ。それに対して、株式投資の収益率はずっと高い。では、やはり株式投資をすべきか？

そうではない。なぜなら、本章の2で述べたように、株式投資はリスクのある投資であり、平均的な収益率は預金のような安全資産の収益率より高くなければならないからだ。

リスクが高いとは、個々の場合を見ると、収益率が非常に低かったり、場合によってはマイナスにもなるということだ。つまり、高い収益率を実現できる場合もあるが、逆に非常に低い収益率になる場合もある。場合によっては、損失をこうむる場合もある。そうした危険に対する報酬として、平均収益率が高くなっているに過ぎない。株式投資をした人の全てが、預金よりも高い収益率を得られるわけではない。

以上で述べたようなことを無視して、「インフレ期には預金でなく株式投資」といった類のアドバイスをするのは、誠に無責任だと言わざるをえない。

第2章のまとめ

1. 新NISAが爆発的な人気を集めたが、これが老後資金問題の救いの神になるとは限らない。冷静に考える必要がある。
2. 株式投資の期待収益率が高いのは、リスクが大きいからだ。期待収益率だけで投資を判断してはならない。
3. 岸田前内閣は、「貯蓄から投資へ」をスローガンとし、預金をやめて株式投資することを勧めてきた。しかし、このアドバイスは、間違っている。
4. 確実に儲けられる方法はない。マーケットを出し抜くことはできない。
5. 利益を得るのは「金採掘者を掘る」人々だ。つまり、ブームに乗って走り出した人々に、サービスを提供する人々だ。
6. 1980年代、バブルに乗って資産を増やそうとした人が大勢いる。しかし、リゾート地の土地が負の資産となってしまった場合もある。この教訓を忘れてはならない。自分自身に投資することこそ、もっとも収益率が高い。
7. 政治が不安定化し、財政赤字が拡大する危険がある。MMT（現代貨幣理論）は、赤字拡大が経済に悪影響をもたらさないというが、実際には、金利の上昇やインフレをもたらす危険がある。インフレは、賃金の引き上げを望めない人々に不利に働く。

8．インフレ時代には、預金でなく株式投資すべきだという意見があるが、インフレになれば預金金利が上昇することに注意が必要だ。また、株式投資は平均収益率が高いが、それはリスクが高いことの反映だ。

第3章　団塊ジュニア世代がこれから直面する厳しい老後

1．団塊ジュニア世代が直面する老後問題

団塊世代による高齢化社会から、団塊ジュニア世代による高齢化社会へ

これまでの少子高齢化問題の中心だったのは、団塊世代だった。人口数が非常に多い世代が高齢化したことで、日本は、世界でも稀《まれ》に見る超高齢化社会になった。団塊世代がこれからは後期高齢者になり、医療と介護の需要が爆発的に増える。とくに、要支援・要介護人口が増加するため、介護問題は、これからますます深刻化するだろう。このような「超」高齢化は、これまでどの国も経験したことがなかったものであり、人類がはじめて経験する問題だ。

医療・介護において深刻な問題が発生するだろう。財政を維持するのは極めて難しい。政

府は少子化対策を行うとしているが、これによって出生率が上昇する保証は何もない。仮に上昇したとしても、高齢化問題には何の役にも立たない。むしろ、依存人口を増大させるので、問題を悪化させる。

団塊世代は、日本の高度成長期を支えた豊かな世代で、正規雇用者が多く、したがって年金受給額も高く、貯蓄額も比較的多かった。

ところが、未来における高齢者問題は、団塊ジュニア世代が中心になる。

「団塊ジュニア世代」の厳密な定義があるわけではないが、1971〜74年頃に生まれた人々を指す場合が多い。2024年では50〜53歳程度になる。

これに関連する概念として「就職氷河期」がある。これは、1993年から2004年(または2005年)頃だ。

団塊ジュニア世代の人々が高校や大学を卒業した時期は、就職氷河期と重なる。有効求人倍率は、1993年から2005年までの期間において、1を下回った。新規求人倍率も、1990年代後半には1を下回った。このように企業が採用を絞ったため、多くの人が正社員に雇われる機会を逸したとされる。

この世代の人々には非正規雇用が多いので、社会保障制度で守られていない場合が多い。厚生年金に加入していない人が多い。国民年金に加入していても、保険料の支払いが完全でなく、年金をもらえない可能性がある。

非正規の場合には、退職金も期待できない。だから、２０００万円＋アルファを自分で蓄える必要がある。それができないと、貧しい高齢者となってしまう。しかし、実際には、所得水準が低かったので資産も蓄積していない人が多い。

では、生活保護が頼りになるだろうか？　しかし、申請しても、もらえない可能性もある。さらに要介護になる危険がある。そうなったら自分で動けなくなる。

2．賃金低下とリストラに喘ぐ50代社員

リストラの嵐を統計で見る必要

日本企業（とくに大企業）における雇用は、50歳代の半ばまで安定しており、賃金も年齢とともに上昇する、つまり、「年功序列・終身雇用」と呼ばれていた雇用体制が、いまでも続いているとされていた。しかし、状況は変化している。50歳代の中ごろになると、こうした状況にピリオドが打たれ、雇用条件が悪化する。団塊ジュニア世代が、これからその時代に入る。この世代は人口が多いので、調整も厳しくなる。

50歳代の社員が過酷なリストラにさらされている。そうした実情がいくつも伝えられてい

る。これまで第一線で部下を率いてバリバリ仕事をしていたのに、急に子会社に出向を命じられ、給料が激減したという話や、子会社から帰ってきたら、部下もなく、年下の上司に顎《あご》で使われるようになったという話などだ。

この年齢層の社員に何が起きているのか？　前記のような話は特殊なケースなのか、それとも一般的な状況を表しているのか？　また、なぜそうしたことが起きているのか、今後どうなるのだろうか？

こうしたことを知るには、統計を見る必要がある。以下では、50代社員の実情を、統計の数字によって明らかにしよう。

ピークの賃金が低下し、厚生年金の支給開始年齢が65歳に引き上げられた

50代社員の降格や給料減は、最近になって、日本企業の業績が悪くなったために始まったと言われることがある。

しかし、賃金が50代の中頃にピークになり、それ以降下がるということ自体は、いまに始まったことではない。

１９７０年代においても同じような傾向が見られた。「日本の賃金体系は年功序列的」と言われるのだが、ピークは意外に早い年齢で生じる形になっていたのだ。

図表3－1　年齢別平均月収（男性、単位：千円）

年	a 20-24歳	b 50-54歳	比　b/a
2000	202.9	428.1	2.11
2010	199.8	417.2	2.08
2021	215.4	412.1	1.91

賃金構造基本統計調査のデータより著者作成

ただし、すべての点で昔から同じだったわけではない。２０００年代になってから、つぎの２つの重要な変化があった。

第１は、２０００年頃以降、賃金の伸び悩みが顕著になり、50歳代においてそれが顕著に見られたことだ。50歳代中頃の賃金のピーク値が、絶対的にも、また若年層との比率でも、低下しているのである。

この状況は、図表３－１に示すとおりだ。２０００年から２０２１年の間に、50～54歳の賃金は、３．７％低下した。20～24歳の賃金に対する比率も、２．11から１．91に低下した。

これは、団塊世代（１９４７年～１９４９年に生まれた世代）がこの頃に50歳代になったために、この時期から、50歳代の就業者数が急増したからであろう。

賃金ピークの到達時点が50代中頃であることは変わらず、その値が低くなっているのだから、何もしなければ、退職するまでの蓄えが少なくなってしまうことになる。

大きな変化の第２は、厚生年金の支給開始年齢が、それまでの

60歳から65歳に段階的に引き上げられたことだ。これは、2013年から始まった。そして、2025年に完了する。これは、世帯主が60から64歳の年齢階層である家計に対して、大変大きな影響を与える。

60から64歳の労働力率は上昇した

以上2つの変化に対して、人々はどのように対応したか？

これらの変化への対応は、退職を遅らせて、就業年数を長くすることしかない。したがって、60代になっても退職せずに働き続けるようになる。

第1の変化（賃金の低下）への対応は、2000年の少し前から始まっているはずだ。第2の変化（支給開始年齢の引き上げ）への対応は、2013年の少し前あたりから始まっているはずだ。

そうであれば、60歳から64歳の労働力率が、2000年と2013年の少し前から上昇しているはずである。実際にそうなっていることが、図表3-2に示されている。

60歳から64歳の労働力率は、1990年代まで低下を続けてきたが、その後上昇した。これはピーク賃金が下がってきたことを、退職年齢を引き延ばすことによって補塡しようとする動きだと解釈することができる。

図表3－2　年齢階級別労働力率の推移（男性、%）

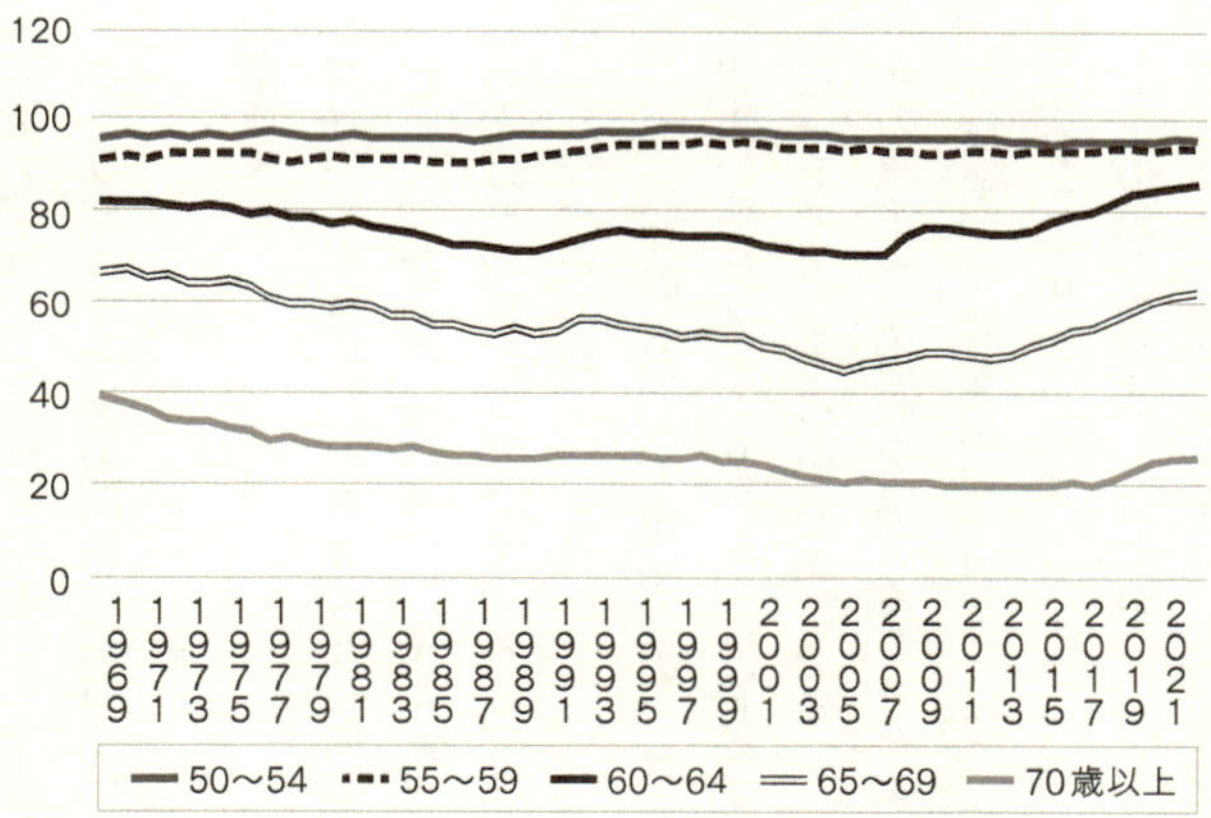

労働政策研究・研修機構のデータ（元データは労働力調査）により、著者作成

これに対して、会社はどのように対応したか？

60歳以降も働きたい人に対しては、それまで正規であった雇用者を非正規にすることで対応したのではないだろうか？ 実際にそうなっていることが、図表３－３に示されている。

55歳から64歳で、２０００年以降に顕著に増えたのは、非正規である。正規雇用者の比率は顕著に低下しているのだ。

第２の変化（支給開始年齢引上げ）に対する対応はどうだろうか？

60歳から64歳までの期間は年金が支給されないのだから、やはり60歳から64歳の労働力率が前よりも上がるはずだ。

図表３－２で、60歳から64歳と65歳から

69歳の労働力率は、2007年頃から上昇している。そして、いまに至るまで上昇を続けている。これは厚生年金支給開始年齢引上げの影響だろう。

正規が増える

ここで注目すべきは、2013年以降は、図表3-3に見られるように、正規雇用者の比率が上昇して、非正規雇用者の比率が低下していることだ。つまり、1990年代の後半に起きたのとは逆の変化が起きているのである。

なぜこうなったのか？

これは、「高年齢者雇用安定法」の影響と考えられる。

この法律の前身は、1971年に制定された「中高年齢者等の雇用の促進に関する特別措置法」だ。その後いくつかの改正を経て、2012年の改正（2013年施行）で、以下のいずれかの雇用確保措置を講じることを義務付け、65歳までの雇用を義務付けた。

（1）65歳まで定年を引き上げること、（2）65歳までの継続雇用制度を導入すること、（3）定年制を廃止すること。

こうした措置が講じられたため、それまでの正規社員を非正規に切り替えるのが困難になったのではないかと思われる。

図表３－３　正規・非正規比率（男性、55-64歳、単位％）

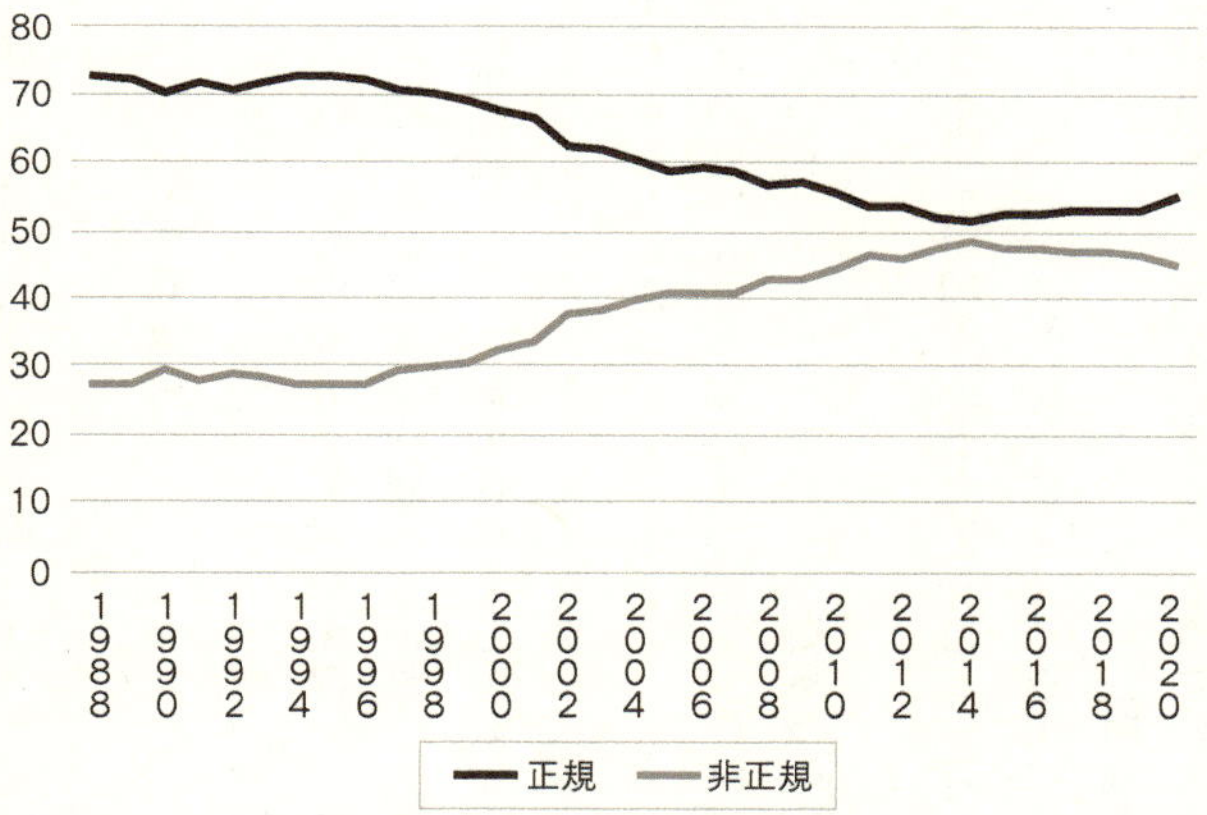

労働政策研究・研修機構のデータ（元データは労働力調査）により、著者作成

50代の賃金は低下を続ける

ただし、雇用が確保されることと、年収が増えることとは別問題である。

図表３－１に示す賃金のデータをいま一度見ると、20～24歳は、２０００年から２０１０年にかけては下落したが、２０２１年にかけては上昇している。これは、若年層の人口が減少していることの影響だろう。

それに対して、50～54歳は、２０２１年も低下している。これは、この年齢層においては労働人口が過剰になっていることの反映だろう。

この結果、20～24歳賃金に対する50～54歳賃金の比率は、２０００年の２．１から２０２１年の１．９へと下落している。つまり、年功序列型賃金の傾きが、より平坦になってきているのだ。

50代にはかえって厳しい

高年齢者雇用安定法で65歳までの雇用継続が義務づけられるようになったので、企業としては、それへの対策を考えざるをえない。賃金のカットだけでは十分でなく、50歳代以上の社員のリストラを従来より進める必要性を感じているのだろう。

会社に出勤しても、何の仕事もしていない人が多数いると言われる。そうした人は、会社の重荷になるだけだ。若くてデジタル技能を持つ人材を雇用したいのは、企業の論理としては、当然かもしれない。

生産性の低い人々を65歳まで抱えなければならないのでは大変だから、50代のうちに対処しようということになっても、不思議はない。

年金支給開始が70歳に引上げられたらどうなる?

政府は、年金支給開始年齢を65歳以上に引上げることはないとしている。

しかし、第4章で見るように、年金財政の行方は決して楽観を許さない。今後、70歳までの引き上げが行なわれるのは、十分にあり得ることだ。

「改正高年齢者雇用安定法」が2020年に成立し、2021年4月1日から施行された。これにより、70歳までの就業機会の確保が努力義務化された。

しかし、右に述べたように、就業が継続されても、収入が確保されるとは限らない。事態はさらに厳しくなると考えるべきだろう。

3．年金受給まで正規労働者を続けるのは難しい

非正規労働者の賃金はどうなるか？

ここ数年、物価高騰が続く中で、賃金がどれだけ引き上げられるかが注目されている。その際に忘れてはならないのは、非正規雇用者の存在だ。これらの人々の賃金は、春闘によってはほとんど影響を受けない。そして、それらの人々は、全雇用者の中で4割に近い比率（2023年では37．0％）を占めているのだ。だから、これらの人々の賃金がどうなるかは、経済全体の賃金動向に大きな影響を与える。

非正規労働者は、大きく3つのグループに分類できる。第1は女性だ。2023年平均で、女性労働者の53．2％が非正規だ。第2が若年者のアルバイト。そして第3が、50歳代後半から60歳代にかけての男性だ。最初の2つのグループは、どちらかと言えば家計補助的な場

図表3－4　年齢階級別の雇用形態（2022年11月、男）

実数（万人）												割合（%）	
年齢階級	雇用者	役員を除く雇用者	正規の職員・従業員	非正規の職員・従業員	パート・アルバイト	パート	アルバイト	労働者派遣事業所の派遣社員	契約社員	嘱託	その他	正規の職員・従業員	非正規の職員・従業員
総数	3272	3014	2346	668	347	125	222	56	153	73	39	77.8	22.2
15-24	258	257	128	129	116	5	111	4	6	0	2	49.8	50.2
25-34	577	567	494	73	37	12	25	8	19	2	7	87.1	12.9
35-44	663	629	568	61	24	11	14	12	18	2	5	90.3	9.7
45-54	806	741	676	65	25	11	14	13	17	3	6	91.2	8.8
55-64	596	529	398	131	34	21	13	8	46	37	6	75.2	24.8
65-	370	292	82	210	111	65	46	10	46	30	13	28.1	71.9

資料：労働力調査

合が多い。しかし、第3のグループは、家計を支える役割を果たしている。以下では、第3のグループについて考えることとしよう。

50歳代の半ばに非正規に移行

男性の場合に、年齢別の正規、非正規の状況を見ると、図表3－4の通りだ。

25歳からは、正規労働者が大部分になる。そして、この状態が50歳代前半までは続く。ところが、50歳代の中頃から非正規の比率が高くなって、全体の4分の1程度になる。このあたりで、正規から非正規への移行が行われていることが分かる。

女性や若者の非正規労働者はパートタイマーが多いが、男性の非正規労働者には、

図表３－５　年齢別賃金（2021年、月収、単位千円）

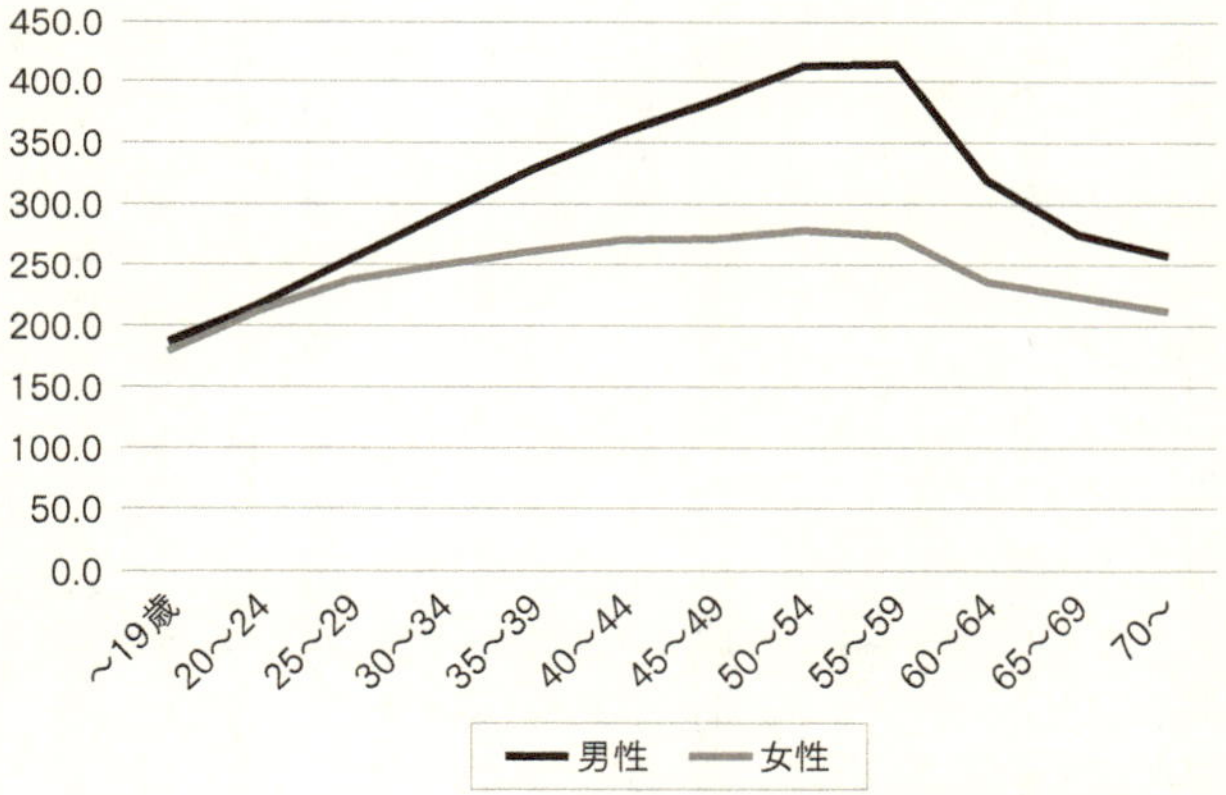

資料：令和３年賃金構造基本統計調査

契約社員も多い。同一の企業のなかで正規から契約社員などへの変更が行なわれる場合もあるだろうし、別の会社に転職して契約社員になる場合もあるだろう。

日本ではいまだに終身雇用が続いていると言われる。しかし、正規雇用をずっと続けられるわけではないことに注意が必要だ。

賃金は、50歳代でピークになる

年齢別の賃金の状況を見ると、図表３－5のとおりだ。

男性は25歳以降、年齢が高くなるほど賃金が高くなる。日本の賃金が年功序列的になっていることがわかる。ところが、50歳代になると頭打ちになる。そして60歳代になると、急激に低下する。これは、前項で見た雇用形態変更の影響だと思われる。つまり50歳代の半ばごろから非正規社員への移行が行われ、そこで賃金がカットされるのだ。なお、図に示した女性の場合、50歳代半ばで最高になる点では男性と変りないが、その後に、男性の場合のような急激な低下は見られない。

この年齢になれば、子供が大学を卒業し、就職して所得を獲得し始めるだろう。したがって、生活費は減少することになるだろう。だから、賃金が低下しても止むをえないと考えられるかもしれない。

しかし、60代の前半には給料も減らされ、年金も得られないということになり、生活条件はかなり厳しくなる。

年金の財政事情は今後厳しくなることが予想される。それに対処するために、支給開始年齢の70歳への引き上げといった措置が取られる可能性は否定できない。それにもかかわらず、60歳になると非正規になって賃金が減らされ、しかも年金も得られないという状態になる。その状態が10年間程度続くことになる。

年齢別の労働力人口比率は、どのように推移するか?

男性の場合、労働力率が低下する(退職する)のは、どの時点だろうか? 図表3－6に示す年齢階級別の労働力人口比率の数字をみると、第1に、65歳以上で大きく低下している

図表3－6　年齢別労働力率（男性、2022年11月、単位(%)）

男								
総数	15～64歳						65歳以上	（再掲）20～69歳
		15～24	25～34	35～44	45～54	55～64		
71.0	86.3	46.6	94.7	96.0	95.2	89.5	34.6	89.2

資料：労働力調査

ことが分かる。これは、年金を受給して、退職後生活に入ることを示している。

第2に、55～64歳で若干低下している。しかし、労働力調査では、10歳階級の数値しか分からないので、60歳のところでどのように変化しているかは、推測するしかない。

仮に55歳から60歳までと60歳から64歳までの人口数が等しく、かつ50歳から60歳までの労働力率が95%であるとすれば、60歳から64歳までの労働力率は84%ということになる。つまり、この段階で引退する人はごくわずかだ。多くの人は60歳以降も働き続ける。ただし、そのかなりの人が非正規になる。

結局、労働力率は、つぎのように推移することになる。

59歳まで：95%程度
60歳から64歳：84%程度
65歳以上：35%程度

男性労働者のライフサイクル

以上で述べたことをまとめて、雇用者の就業状況を年齢順に追えば、つぎのようになる。

（1）15歳から24歳まで：労働力率は46．6％。つまり男性労働者の約半数が働いている。これらのうち約半分を占める正規雇用者は、高卒の人々であろう。非正規は大学生のアルバイトだろう。

（2）25歳頃には、大学卒業生も就職して働き始め、労働力率は約95％になる。正規雇用者が9割近い。つまり、ほとんどの男性が働き、そのほとんどが正規だ。

この状態が54歳頃まで続く。賃金も年齢とともに上昇する。そして、55歳頃に賃金が最高になる。

（3）50代の半ばごろから非正規社員への移行が行われ、賃金もカットされる。59歳頃までは、労働力率は95％程度のままだ。つまり、ほとんどの人は、非正規になり賃金が低下しても、働き続ける。

（4）60～64歳では、労働力率が84％程度に低下する。つまり、それまで働いていた人の約12％が引退する。ただし、この年齢では、公的年金は受給できない。

（5）65歳になると年金が受給できるので、多くの人が引退し、労働力率は35％程度に低下する。

賃金引き上げの恩恵にあずかれぬ成人男性が約半分

賃上げの恩恵を受けられる人は、前項で述べたうち（２）に属する人々（25歳から54歳）にほぼ限られる。この年齢階層の男性総人口は、約２３５０万人だ。

それに対して、（３）、（４）に属する人々（55歳から64歳）は、働いていても非正規なので、賃上げの恩恵を受けるのは難しいと考えられる。この年齢階層の人口は７９１万人だ。

そして、65歳以上の人が約１５７２万人おり、彼らは、賃上げとはほぼ無関係だ。物価高騰の被害を受けるだけの場合が多い（年金はインフレ・スライドするが、マクロ経済スライドが発動されるので、年金名目額はほとんど増えないだろう）。

結局のところ、賃上げの恩恵を受けられる成人男性は、成人男性全体の約半分でしかないということになる。しかも、（２）に属する人々の中でも、中小零細企業の雇用者の場合には、大幅な賃上げを期待することは難しいだろう。

したがって、春闘で高い賃上げ率が実現できても、それが日本の状況を大きく変えるとは考えにくい。

4．あらゆる世代が時限爆弾を抱える

団塊ジュニア世代の非正規比率が格別高いわけではない

すでに述べたように、団塊ジュニア世代の人々は、正規の職につけず、所得も低い人が多いと言われる。本当にそうだろうか？　もしそうであれば、それは統計の数字にも表れるはずだ。そこで、統計をチェックしてみよう。

まず、労働力調査による年齢階層別の雇用形態を見よう。図表３－４に示した数字をみると、男性の場合、団塊ジュニア世代（45～54歳）の非正規率は、他の世代のそれよりむしろ低くなっている。

つまり、団塊ジュニア世代が他の世代より就業上で格別に恵まれない状況にあるとは認められない。

団塊ジュニア世代の所得や出生率が低いわけではない

つぎに、世代別の所得を見よう。図表３－５に示した年齢別賃金に見られる傾向は、日本の年功序列賃金体制がもたらす結果だ。団塊ジュニア世代の人たちの所得が、他の世代のそ

れより格別に低いとは認められない。現時点においては、年功序列賃金の影響で、他の世代よりむしろ高くなっている。

団塊ジュニア世代についてもう一つ言われるのは、「正規の職を得られなかったために結婚できない人が多かった。その結果、この世代の子供の数が少なくなった。このため、彼らが高齢化したときに、彼らを支える若年層人口が少なくなる」ということだ。

これが正しいかどうかを確かめるために出生率の推移を見ると、顕著な変化は、１９８０年代に生じた。１９９０年、95年、２００５年の出生率は他の年より低くなっているが、それほど大きな差ではない。出生率の低下による人口構造の変化は、将来の日本社会に大きな問題をもたらす。しかし、それは、団塊ジュニア世代に限定された問題ではないのである。

以上のように、団塊ジュニア世代で格別に非正規職員が多いとか、所得が低いとか、あるいは出生率が格別に低下したというような現象は見られない。少なくとも、統計の数字に表れるほど大きなものにはなっていない。

この世代の人々が「就職氷河期」の犠牲になったことは、間違いない。しかし、その影響は、統計の数字に表れるほどの大きさにはなっていないのだ。

ただし、以上で述べたことは、団塊ジュニア世代の人々が高齢化する２０４０年頃に、日本が大きな困難に直面することを否定するものではない。それは、人口構造の問題として将来に起こることであり、また、日本経済が長期的に衰退してきた結果として起こることだ。
非正規が多く、賃金が上がらないので、老後への蓄えが十分でない。負担者が少なくなるので社会保障制度を維持できなくなる。日本社会は、このような時限爆弾を抱えている。時限爆弾を抱えているのは、団塊ジュニアだけではないのだ。

第3章のまとめ

1. 団塊世代がこれから後期高齢者になり、要支援・要介護人口が増加する。そして、団塊ジュニア世代が退職し、高齢者人口が増加する。団塊ジュニア世代には、非正規が多く、老後に備えた蓄積が十分でない人が多いと言われる。また、厚生年金に加入していない人も多い。

2. 賃金は50歳代にピークになるが、その後は低下する。厚生年金の支給開始年齢が65歳に引き上げられ、人々は退職を遅らせることで対処したが、企業は非正規化を進めた。高年齢者雇用安定法で、非正規化が難しくなり、しわ寄せが50歳代に及んでいる。

3. 年金受給まで正規雇用者を続けるのは難しい男性雇用者は、50歳代の中頃までは正規が多いが、その後、非正規雇用の比率が高まる。非正規の場合、物価が上昇しても賃金上昇を期待するのは難しいだろう。

4．非正規雇用者が多いのは、団塊ジュニア世代に限ったことではない。どの世代も時限爆弾を抱えている。

第4章　公的年金は老後生活の支柱となるか？

1. 年金改革の課題

「専業主婦が普通」という時代遅れの制度をどうするか？

2025年に、公的年金制度の改革が行われる予定だ。これは、国民の退職後生活にきわめて大きな影響を与える。本章ではそれについて論じるが、問題は多岐にわたり、しかも制度の細かい問題も関連しており、複雑だ。そこで、個々の問題を論じるに先立って、何が問題とされているかについての鳥瞰図《ちょうかんず》を描いておくこととしよう。

改革が必要とされる課題として、つぎのようなものがある。第1は、第3号被保険者問題。第2は在職老齢年金問題、そして第3は、基礎年金の問題だ。

現在の公的年金制度では、被用者に扶養され年収の低い配偶者は「第3号被保険者」とされていて、年金の保険料を払わなくとも、基礎年金を受けられることになっている。厚生労働省の説明によると、「厚生年金の加入者が全体として、第3号被保険者の保険料を負担している」というのだが、いかにも不自然なこじつけだと考えざるをえない。

これは、専業主婦が普通だった時代の考えだ。共働きや独身者が増えた現代においては、時代遅れになっていると言える。働く女性が増えたことを背景に、専業主婦は、いまやピーク時より4割以上減った。こうしたことを背景に、第3号被保険者は廃止すべきだとの意見が強くなっている。

この問題については、本章の5で論じる。

「働けば年金がもらえない」という「在職老齢年金制度」は廃止すべきだ

第2の問題は、在職老齢年金問題だ。

厚生年金制度では、65歳から年金を受給できる。しかし、65歳以降も働き続けて給与所得を得ると、年金の一部または全額を削減される。働き続けているのなら、年金は必要ないだろうという考えだ。

このため、65歳になっても給与所得を得続ける人には、厚生年金は支給されるが削減される。しかし、特別に「在職老齢年金」という制度が作られている。そして、年金を一部削減した上で、特例的に年金を支給することとされている。

しかし、第８章でも論じるように、いまや高齢者の就労は普通になった。政府も、高齢者の就労を促進すべきだとしている。そして、70歳までの雇用を企業に対して要請している。労働力不足の日本において、高齢者の就労は、重要な政策課題だ。

65歳になれば、給与を得ているかどうかに関わらず、厚生年金を支給する仕組みに転換すべきだ。この問題は、本章の６で論じる。

以上で述べた問題は、現在の年金制度が現代社会の仕組みに適合しなくなっているという問題だ。したがって、解決の方向付けは明らかだ。

ただし、その実現は容易でない。改革するという方向付けに反対の人もいるからだ。第１の問題について言えば、保険料の負担を求められる現在の第３号被保険者からの反対は避けられないだろう。それをどのように説得していくかが、政府に課された問題である。

在職老齢年金制度の廃止については、受給者からの反対はないだろう。問題は、これによって年金支給額が増えるため、年金財政が圧迫されることだ。

これに対して、以下で述べる問題は、年金財政の収支に関わる今後の問題であり、対処が極めて難しい。どのような方向付けを選択すべきかについても、様々な意見があり得る。

基礎年金の給付水準低下をどう解決するか？

公的年金改革の第3の課題は、基礎年金の問題だ。

この問題を議論するには、まず、日本の公的年金制度について説明する必要がある。日本国内に住んでいる20歳以上60歳未満の人は、すべて国民年金に加入することになっている。

このうち、自営業者、農業や漁業に従事している人（国民年金の第1号被保険者）は国民年金の保険料を自分で納め、基礎年金を受け取る。会社などに勤め、厚生年金保険や共済組合に加入している人（国民年金の第2号被保険者）は、厚生年金保険や共済組合に保険料を払い、基礎年金と報酬比例年金を受給する。基礎年金に必要な負担は、厚生年金保険などから基礎年金拠出金として基礎年金勘定に繰り入れられる。基礎年金の給付の半分は、国庫負担で賄われる。その財源は税だ。

基礎年金の給付水準低下問題を解決するために、2つの方法が提案されている。

第1は、基礎年金の保険料の納付期間を延長する案だ。現在の制度では20歳から59歳まで保険料を納付すれば、65歳から満額の基礎年金を受け取れるが、この納付期間を64歳まで延ばす。

第2は、厚生年金から基礎年金への繰り入れを増やす案だ。この案は、厚生年金加入者で国民年金加入者を救済する案のように見えるが、必ずしもそうではない。前記のように基礎年金は厚生年金の一部を受け持っているので、厚生年金の加入者も利益を受けるからだ。

ただし、どちらの方法を取るにせよ、基礎年金の給付が増える。基礎年金給付の半分は国庫負担なので、その財源が必要になる。これをどう調達するかは、極めて大きな政治問題になる。消費税の増税などを実行できるのかどうか、大いに疑問だ。この問題は、本章の7で検討する。

現実的な経済想定の下での財政収支の姿を示せ

前項で述べたのは基礎年金の問題であるが、問題はそれで終わるわけではない。最も重要な問題は、厚生年金の長期にわたる収支の問題である。そして、それと関連して、支給開始年齢をどうするかという問題だ。

これは、人口構造の変化によって、受給者が増え、保険料支払い者が減ることから起きる問題だ。放置すれば、年金財政の赤字が増えてしまう危険がある。それに対応してマクロ経済スライドが導入されたのだが、きわめて不完全にしか実施できなかった。それは、基礎年金だけの問題ではなく、厚生年金においても存在する問題だ。

それにもかかわらず、これまでの財政検証では、実質賃金の伸び率を非常に高い値に想定することによって、この問題の存在を覆い隠してしまっていた。今回の財政検証においても、マクロ経済のフレームでは、実質賃金の上昇率が現実の経済に比べて非常に高い値に設定されている。

実質賃金の伸び率が高いと、保険料収入は大きく増加する半面で、年金給付額はあまり大きな増加とはならない。このため、年金財政収支が大きく好転するのである。しかし、現実の世界では、実質賃金は2024年5月まで、26ヵ月連続のマイナスの伸び率になった。このような状況を勘案すれば、高い伸び率を今後期待することは、大きな問題だ。

この問題を解決するためには、支給開始年齢を70歳に引き上げるなど、極めて大きな制度改革が必要になる。それは国民の老後生活に非常に大きな影響を与えることになる。

この問題は、公的年金改革の検討課題としては、取り上げられていない。しかし、きわめて重要な問題だ。国民の負担という観点から言っても、これまで述べた問題とは比較にならないほど大きな負担増が必要とされる。この問題を8と10で論じる。

マクロ経済スライドの見直し問題

日本の公的年金が抱えている問題は、以上だけではない。人口構造などの変化に対応して財政収支を維持するため、「マクロ経済スライド」という制度がある。これは、基礎年金と報酬比例年金の年金額を、毎年少しずつ減額する仕組みだ。この制度は、2004年の公的年金制度改革で導入され、２０２３年に完了する予定だった。

ところが、実際には、マクロ経済スライドは、これまで5回しか発動されなかった。このため、将来もスライドを実行しなければならないことになった。具体的には、基礎年金については、２０４６年まで続けないと年金財政が均衡しないということになったのである。

しかし、マクロ経済スライドを長期間行うと、年金額が目減りする。これは、年金額が少ない国民年金においては、大きな問題となる。これに対処するため、基礎年金と報酬比例年金の調整期間を一致させるという問題が議論されている。これはかなりテクニカルな論点を含む問題なのだが、重要なので、９で検討することとする。

なお、本章の議論はかなり複雑だ。それは、年金制度が複雑だからであり、止むをえないことだ。

しかし、「将来、年金をいくらもらえるか？」は、老後生活の基本を決める重大な問題なのだから、どうか我慢して読み進んでいただきたい。そして、制度を受動的に受け入れるだけでなく、年金制度を合理的なものにするために、できれば積極的に声をあげていただきたい。

2．公的年金の将来は楽観できない

財政検証が公表された

公的年金制度改革の基礎資料となるのは、「財政検証」だ。財政検証は、100年先までの未来を見通して公的年金財政の持続性を点検する作業で、5年に1度実施する。ここで分析されている内容は、国民の老後生活に大きな影響を与える。

2024年7月3日、「国民年金及び厚生年金に係る財政の現況及び見通し―令和6（2024）年財政検証結果―」が厚生労働省から公表された。

以下では、2024年財政検証のデータを参照しつつ、公的年金の将来の姿を見ることとする。

本章の2から4では、所得代替率を中心として将来の給付水準を見、それが老後生活資金にどのような影響を与えるかを考える。そして、5から8では、1で述べた3つの課題（第3号被保険者問題、在職老齢年金問題、国民年金の低年金問題）について述べる。9から10では、マクロ経済スライドと年金財政収支の長期展望について述べる。

図表4－1　厚生労働省が示した年金の経済前提（単位%）

	全要素生産性上昇率	実質GDP成長率	1人あたりGDP実質成長率	実質賃金上昇率	物価上昇率	実質利回り
成長実現	1.4	1.6	2.3	2.0	2.0	3.1
長期安定	1.1	1.1	1.8	1.5	2.0	3.1
現状投影	0.5	-0.1	0.7	0.5	0.8	2.6
1人当たりゼロ成長	0.2	-0.7	0.1	0.1	0.4	1.8

厚生労働省、令和６年財政検証の経済前提について（案）、2024.4.12

財政検証は４つのケースを想定

２０２４年財政検証では、経済前提として、つぎの４つのケースが示されている。

①高成長実現ケース
②成長型経済移行・継続ケース
③過去30年投影ケース
④１人当たりゼロ成長ケース

この前提では、２０２４年４月に内閣府が公表した「２０６０年度までのマクロ経済・財政・社会保障の試算」（長期試算）を活用して、「成長実現ケース」「長期安定ケース」「現状投影ケース」の３ケースを設定した。さらに厳しいシナリオとして、「１人当たりゼロ成長ケース」を加えた。

そこで想定されている主要な変数は、図表４－１に示すとおりだ。４つのケースの中で、第２、３

のケースが中心的なケースだとされている。

前回（2019年）の財政検証では、6つのケースが示されたが、どれが重要なのかが示されておらず、分かりにくかった。今回は重要なケースを2つに絞ったという点では、わかりやすくなっている。

財政検証は、これら各ケースにつき、マクロ経済スライドによる給付の抑制がいつまで続くか、「所得代替率」（次項参照）がどの程度にまで低下するか、などを試算している。

「所得代替率」で評価

公的年金の水準は、「モデル年金」と「所得代替率」によって評価される。「モデル年金」とは、夫が平均賃金で40年間働いたサラリーマン、妻が専業主婦である世帯の年金だ。「所得代替率」とは、年金受給開始時点（65歳）における、現役世代の男性の平均手取り収入額（ボーナス込み）に対するモデル年金額の比率だ。

モデル世帯（会社員の夫と専業主婦の世帯）は、基礎年金と報酬比例年金を受け取る。2024年度では、月額22万6000円だ。この場合の「所得代替率」（現役世代の男性の平均手取り収入37万円に対する割合）は、61．2％だ（図表4－2参照）。内訳は、基礎年金が36．2％、報酬比例年金が25．0％となっている。[注]

図表4－2　年齢別の受給開始時の年金額と所得代替率
（成長型経済移行・継続ケースの場合）

現在の年齢（歳）	65	60	50	40	30
65歳での年金月額（万円）	22.6	23.0	24.7	28.7	33.3
所得代替率（%）	61.2	60.3	57.6	57.6	57.6

モデル世帯が受け取る年金の所得代替率は、50％を下回らないようにすることが法律で約束されている。次の財政検証までに所得代替率が50％を下回ると見込まれる場合には、政府が所要の措置を講じることになっている。

（注）厚生労働省の資料「財政検証結果の概要」（給付水準の調整終了年度と最終的な所得代替率の見通し）では、「所得代替率に用いる年金額は、平成16年改正法附則第2条の規定に基づき前年度までの実質賃金上昇率をすべて反映したもの」と注記されており、具体的な数字として、「夫婦2人の基礎年金13．4万円と夫の厚生年金9．2万円」が示されている。この合計額は、22．6万円になる。
ただし、通常「モデル年金」と言われるものは、これとは、違う水準だ（本章の4を参照）。

財政検証が示す将来の所得代替率

今回の財政検証では、5年後の2029年度の所得代替率は、4つのケースで59．4％から60．3％と、いずれも50％を上回った。したがって、所要の措置を取る必要はない。

その先の将来の見通しは、つぎのとおりだ（図表4－3参照）。

①「高成長実現ケース」と、②「成長型経済移行・継続ケース」の2ケースでは、基礎年金の給付の抑制は、２０３０年代の後半まで続き、所得代替率は57％前後となる。

③「過去30年投影ケース」では、基礎年金の給付の抑制は２０５７年度まで続き、所得代替率は50．4％と、今より、約11ポイント低下する。ただし、50％以上は維持できる。

④「ゼロ成長ケース」では、２０５９年度に国民年金の積立金が枯渇し、その後、所得代替率は30％台に落ち込む。

現実的なケースでは、基礎年金問題が深刻化

各ケースについての結果を詳しく見ると、つぎのとおりだ。

②「成長型経済移行・継続ケース」では、厚生年金の所得代替率が、２０２４年度の61．2％から、基礎年金のマクロ経済スライドの調整終了年次である２０３７年度には57．6％となる。

③「過去30年投影ケース」の場合には、厚生年金の所得代替率は、２０２４年度の61．2

図表４－３　将来の所得代替率

ケース	所得代替率（%）	調整終了年度	2024年度からの低下率（%）
高成長実現	56.9	2039	7
成長型経済移行・継続	57.6	2037	6
過去30年投影	50.4	2057	18
１人当たりゼロ成長	33～37		約40～46

（厚生労働省の資料により、著者作成）

%から、基礎年金のマクロ経済スライドの調整期間の終了年次である２０５７年度において、50.4%にまで低下する。その内訳は、基礎年金が25.5%（２０２４年度は36.2%）、報酬比例年金が24.9%（２０２４年度は25.0%）だ。

つまり、基礎年金が29.6%カットされ、報酬比例年金が0.5%カットされることになる。これは、基礎年金の問題が、今後一層深刻化することを示している。

２０１９年の検証より所得代替率の見通しが改善

２０１９年の財政検証では、想定された6ケースのうち半数で、所得代替率が50%を割る結果だった。

厚生労働省は、今回の財政検証による所得代替率の将来見通しが5年前より好転したのは、女性と高齢者の労働参加が進んだことや、外国人労働者の増加によって、少子高齢化の影響が緩和されたことに加え、株価の上昇を背景に積立金が増えたことなどによるとしている（積立金は、２０１９年想定より70兆円ほど増えた）。

ただし、結果を詳しくみれば、決して楽観してはいられない。まず、高齢者や女性の労働参加が、財政検証の想定どおりに進むかどうか、定かでない。検証では60代の男女計就業率が２０４０年に「成長実現・労働参加進展シナリオ」で、77．６％になるとしているが、これは２０２２年から15．５ポイントも引き上げることを意味する。しかし、このような労働参加の拡大が今後も続く保証はない。また、円安が進めば、外国人労働者に頼るのは難しくなるだろう。

さらに、合計特殊出生率の長期予測（２０７０年）を中位推計で１．36としているが、23年の合計特殊出生率は１．20だった。

放置できない国民年金問題

すでに述べたように、④「ゼロ成長ケース」では、国民年金の積立金が２０５９年度に枯渇し、それ以降の所得代替率が急激に下がる。

これに対処するため、国民年金保険料の納付期間を、現在の40年間（20～59歳）から45年間（20～64歳）に延長し、国庫負担率を引上げることなどが必要になるとされている。

今回の財政検証のオプション試算では、支払期間を5年延長した場合には、経済成長が進むケースでは将来の年金の給付水準が上がる効果があるとされた。しかし、1人当たり保険料負担は増す。また、国庫支出金の増加が必要になる。

ところが、厚生労働省は、国民年金保険料の納付期間を延長する案については、検証結果が改善されたことも踏まえて、見送ることとした。新たな負担増に反発が強まることを警戒したのだろう。

政府は、財政検証の結果を踏まえて、2024年秋にも与党と年金制度改革の議論を始め、25年の通常国会で関連法の改正案を提出する予定だったが、24年秋の総選挙後の政治情勢の変化もあり、作業は遅れる可能性がある。

以上のように、公的年金は、さまざまな問題を抱えている。当面はなんとかもつということに過ぎない。真剣に対象を検討することが必要だ。

オプション試算

今回の財政検証では、いくつかの問題についての「オプション試算」（財政検証に加えて行なわれる検証作業）が行なわれている。

第1は、国民年金保険料の納付期間をいまより5年延長して、64歳までとする案。第2は、厚生年金から基礎年金財政への拠出額を増やし、マクロ経済スライドによる基礎年金の給付抑制の期間を短縮する案だ。これらに加え、厚生年金の加入要件緩和の影響も示された。

その一方で、支給開始年齢の引上げなどの根本的な施策は、オプション試算に含まれなかった。ただし、これは、重要な問題だ。それがどうなるかで、団塊ジュニア世代の退職後生活は、きわめて大きな影響を受ける。

3. あまりに楽観的な成長見通しに基づく財政検証

年金財政の収支と所得代替率に注目

財政検証は、きわめて膨大な資料だ。どこに注目すればよいだろうか？

第1は、年金財政の収支だ。実質賃金成長率が低いケースだと、保険料もあまり増えない。したがって、年金収支はかなり悪化する。

注目すべき第2は、所得代替率だ。「マクロ経済スライド」が発動される半面で、経済成長が順調に進まなければ、政府が法律で約束している50％を割り込むおそれもある。

結果に影響するのは、実質経済成長率、実質賃金上昇率、実質利回り

公的年金の見通しに大きな影響を与えるのは、実質経済成長率だ。これが高くなると、実質賃金の上昇率や実質利回りが高くなる。以下に述べるように、これらは年金の所得代替率や財政収支を好転させる。

実質賃金上昇率の影響を理解するには、物価上昇率がゼロの世界を想定すると分かりやすい。賃金上昇率が高いと、保険料収入が多くなる。他方で、前年度までに年金額を裁定された受給者の年金額は変わらない。当年度に裁定される受給者の年金額は増えるが、それは、年金支給総額のごく一部でしかない。したがって、賃金上昇率が高いほど、年金財政は好転するのである。この問題は、本章の８で詳細に論じる。

また、厚生年金は巨額の積立金を保有しているので、運用利回りは、収支に大きな影響を与える。他の条件が等しければ、これが高いと、積立金の運用収入が増えるので、年金会計の収支は好転する。

物価上昇率は、マクロ経済スライドに影響する

重要な変数の第２は、物価上昇率だ。

物価スライド制度があるため、公的年金制度は、物価上昇率の差に関しては、およそ中立的な仕組みになっている。しかし、「マクロ経済スライド」の影響がある。これは、公的年

金の被保険者の減少と、平均余命の伸びを勘案した一定率で既裁定年金を減額するものだ。２０２５年度までのスライド調整率は、年率平均０．９％程度と推計されている。これが実行されれば、既裁定の年金額が減額されるので、平均的な所得代替率が低下する。他方で、年金財政の収支は好転する。

ただし、これは、物価上昇率が高くないと実行できないこととされている。２００４年に導入されたが、これまで5回しか発動されていない。

楽観的すぎる実質経済成長率の想定

以上で述べたように、所得代替率や年金財政収支は、実質経済成長率によって大筋が決まる。ところが、実質経済成長率について、今回の財政検証の見通しは、きわめて楽観的だ。

実質賃金上昇率について見ると、２０２４年度から２０３３年度までは、中長期の経済財政に関する試算の推計に従っており、「成長実現ケース」の場合には、２０２７年度から２０３０年度までは年率１．３％、それ以降は２０３３年度まで１．２％とされている。ところが、２０３４年度以降になると、一挙にジャンプして、年率２．０％になってしまうのだ。「長期安定ケース」の場合には、それまで年率０．８％だったものが、34年度で急に１．５％にジャンプしてしまう。「現状投影ケース」の場合も、０．１％から０．５％にジャンプする。

このような急激な成長率のジャンプが、現実の世界で生じるはずはない。導きたい結論が最初にあり、想定をそれに合わせて設定しているとしか考えようがない。

中長期の経済財政に関する試算の推計をそのまま延長しているのは、第４の「１人当たりゼロ成長ケース」だけだ。

なお、実質賃金見通しにおける問題点については、本章の８で再述する。

４．老後のための要貯蓄額は、３５００〜５０００万円！

蓋然性が高いのは、過去30年投影ケース

２０２４年財政検証では、４つのケースが想定されている。そのうちのケース①（高成長実現ケース）とケース②（成長型経済移行・継続ケース）では、積立金枯渇や年金額の大きな低下などの深刻な問題は生じないとされている。そして、２０１９年財政検証に比べると所得代替率の見通しが好転している。

しかし、深刻な問題が生じないのは、ケース①と②に限ったことだ。そこでは、実質賃金の上昇率が、それぞれ２．０％と１．５％という非常に高い値に設定されているからだ。

ところが、すでに指摘したように、日本の実質賃金は、長年にわたって減少傾向にある。こうした現状と比較すると、ケース①②は、非現実的だと言わざるをえない。

そこで、ケース③（過去30年投影ケース。出生中位、死亡中位、外国人入国超過数16．4万人）を見ることにしよう。この場合は実質ＧＤＰ成長率がマイナス０．１％なので、日本経済が現在よりかなり悪化する見通しのような印象を受ける。そして、実質ＧＤＰがマイナス成長を続けることは多分ないと考えられるかもしれない。しかし、今後の日本では、人口が減少することに注意しなければならない。そうした世界では、１人当たりＧＤＰが増えてもＧＤＰ全体が減るのは、大いにあり得ることだ。

しかも、ケース③では、１人当たりＧＤＰの伸び率は０．７％である。つまり、豊かさという点では、現在よりも状況は改善するのだ。だから、大いにあり得るケースだと考えることができよう。というより、これは、ケース①や②に比べて、蓋然《がいぜん》性がずっと高いケースだと考えられる。

ケース③について、厚生年金の財政収支は、つぎのとおりだ。

収支差（保険料収入、運用収入、国庫負担の合計である「収入合計」と、基礎年金拠出金と報酬比例年金の計である「支出合計」の差）は、２０２４年度の13．９兆円から継続的に悪化し、

2035年度に、8．8兆円と10兆円を割り込む。

そして、2080年度にマイナス3．9兆円と、マイナスに転じる。その後も、マイナス幅が拡大していく。2120年度における収支差は、マイナス20．4兆円だ。給付水準の調整は、比例年金では2026年度で終了するのだが、基礎年金では2057年度まで続く。

このため、厚生年金の所得代替率は、2024年度には61．2％であるものが、低下を続け、2030年度に59．9％と6割を下回り、2057年度からは50．4％となる。つまり、2024年度に比べて、82．4％の水準に落ち込む。

老後のための要貯蓄額が約3500万円に

所得代替率の2割近い削減は、老後生活に極めて大きな影響を与える。

2024年におけるモデル年金額は月額23万483円だ。[注] この17．6％は4万565円。年間で48．7万円だ。

だから、年間の不足額が、現状より48．7万円だけ増えることになる。30年間では、必要資金が約1460万円だけ膨らむ。それまで老後生活のための貯蓄が2000万円必要だと考えていたものが、3460万円必要ということになる。

所得代替率がこのように低い水準に落ち込むのは、2057年度のことだ。だから、だいぶ遠い将来のことだと思われるかもしれない。しかし、就職氷河期の人々（団塊ジュニア世代）は、直接に影響を受ける。

実際には、もっと早い時点で影響が生じる可能性が高い。なぜなら、将来時点でこのような事態が予測されれば、それをいつまでも放置してよいとは思えないからだ。

これに対応するために、きわめて大きな制度改革が必要とされるだろう。例えば、支給開始年齢の引き上げが、避けられなくなるだろう。そうなれば、65歳からある時点までの年金を得られなくなる世代が出てくる。したがって、老後生活資金が、いま考えているより多く必要になる。

（注）日本年金機構「令和6年4月分からの年金額等について」による。なお、本章の2で述べたように、「財政検証結果の概要」（給付水準の調整終了年度と最終的な所得代替率の見通し）には、「所得代替率に用いる年金額は、平成16年改正法附則第2条の規定に基づき前年度までの実質賃金上昇率をすべて反映したもの」と注記されており、具体的な数字として、「夫婦2人の基礎年金13．4万円と夫の厚生年金9．2万円」が示されている。この合計額は、22．6万円になる。

ゼロ成長ケースでは、老後のための要貯蓄額が5000万円を超える！

しかも、これが最悪ケースであるわけではない。ケース④（ゼロ成長ケース）の場合には、国民年金の積立金が2059年度に枯渇し、それ以降は賦課方式に移行するため、厚生年金の所得代替率が、2060年度に36．7％に低下するのだ。

36．7％とは、2024年度の6割の水準だから、現状からの減少額は、モデル年金で言えば、月額9．2万円、年額111万円となり、30年間では3319万円となる。したがって、これまで「2000万円必要」と言われていた老後生活のための要貯蓄額は、5000万円を超えてしまう！　これでは、ほとんどの家計がお手上げだろう。

話はこれで終わりではない。ケース④よりさらに悪いケースも、考えられなくはない。円安のために日本は外国人労働者を惹《ひ》きつける魅力を失っている。だから、外国人労働力が増えることを前提にした現在の財政検証は現実的でなくなっていると考えることもできる。

いますぐにも議論を始める必要

政府が公的年金制度について何らかの措置を取らなければならないのは、次の財政検証までの間に所得代替率が50％を切る事態になった場合だ。だから、今回の財政検証によれば、どのケースであっても、いま直ちに政府が何らかの措置を取る必要はない。措置を取るのは、ずっと後のことであってもよい。

しかし、問題を放置すれば、取るべき措置は大きなものとなる。例えば、支給開始年齢の引上げには、長期間を要する。仮に65歳から70歳に引上げるとした場合、ある時点で一気に5年引上げるわけにはいかない。最低限、2年間で1年引上げるのが限度だ。したがって、5年引上げるには、10年間が必要だ。だから、いますぐにでも議論を始め、準備を開始しなければならない。

5.「専業主婦問題」をどう解決するか？

第3号被保険者問題とは

本章の1で述べたように、現在の公的年金制度では、被用者（会社員や公務員など厚生年金の被保険者：「第2号被保険者」）の配偶者で被用者に扶養されている人は、「第3号被保険者」とされ、基礎年金の保険料を払わなくとも、基礎年金を受けられる。

こうなっている理由として、「第3号被保険者については、厚生年金保険料の中に第3号被保険者の分の保険料も含まれているため、保険料を納めなくてよい」、つまり、「独身者も含めた厚生年金保険被保険者全体で、第3号被保険者の基礎年金保険料を負担している」と説明されている。

しかし、これはいくつかの面で不公平な制度だという批判がある。これが「第３号被保険者問題」だ。

なお、以下では、便宜上、第２号被保険者が男性、第３号被保険者が女性である場合について述べているが、この逆であってもよい。ただし、実際には、第３号被保険者の圧倒的多数が女性である。

不公平な制度だとの批判

この制度については、次のような批判がある。

（１）夫が国民年金加入ならだめ

第１に、前記の措置が適用されるのは、夫が「第２号被保険者」（厚生年金の加入者）である場合であって、「第１号被保険者」（国民年金の加入者）である場合には適用されない。

つまり、夫が厚生年金の加入者なら、妻が保険料を払わなくても年金を受けられるが、夫が自営業などの場合には、妻も自ら国民年金保険料を払わない限り、基礎年金を受けることができない。このため、自営業者の妻や母子家庭の母は、個別に保険料を納めなければ給付が受けられず、不公平だとの批判がある。

（2）共働き世帯に比べて専業主婦世帯が有利

第2に、夫が厚生年金に加入している場合でも、共働き世帯と専業主婦の場合を比べると、専業主婦に有利であって、不公平であるとの批判がある。共働き世帯の場合は妻も厚生年金保険料を支払っているが、専業主婦は、保険料を支払わずに年金を受けられるからだ。

このため、「この制度は、主婦のほとんどが専業主婦であった時代の名残であり、共働き世帯が増えたいまとなっては時代にそぐわない」と批判される。

（3）「年収の壁」が女性の就業を阻害する

第3に、この制度が適用できるのは、主婦の収入が一定額未満の場合なので、女性の就業に抑制的な影響があるとの批判がある。年収106万円又は130万円に達すると、それぞれ年額で約16万円又は約27万円の負担が生じるため、手取りが減ってしまう。このため、労働時間を調整してしまう。これは、「年収の壁」といわれる現象だ。なお、「106万円の壁」について、厚生労働省は、撤廃に向けて調整に入ったと報道された。

もちろん、社会保険に加入することによって、将来受給できる年金が増えるだろうし、傷病手当金や出産手当金を受けられるようにもなるといったメリットはある。そして、こうしたメリットを考えれば、仕事を調整しないほうが長い目でみればトクなのだという意見もある。しかし、多くの人はなかなかそうした長期的視点を持ちにくい。また、本人が労働時間を調整しなくとも、雇用主負担が増えるため、雇用主がそれを認めないということもあり得る。

社会の変化に制度が追いついていない

以上のような問題があることは事実だ。この背景には、歴史的な事情がある。

年金保険でも医療保険でも、まず、公務員や大規模な企業の被用者を対象とした制度が作られた。そして、その当時は、夫が働いて妻は専業主婦というのが普通の形態だったため、現在のような仕組みが作られた。

しかし、その後、社会保険は自営業主などをも対象とする「国民皆保険」に進化した。また、共働きが増えた。このため、社会保険制度が現実の社会の条件に照らして適切なものとは言えなくなってきたのだ。つまり、これは、昔作られた制度が、その後の社会的変化に対応できず、さまざまな矛盾を抱えるに至ったという問題なのだ。だから、放置はしておけず、改革の必要性は明らかなのだが、それにもかかわらず、実際に改革を行うのは容易なことではない。

実際、第3号被保険者問題は、長年にわたって議論され、様々な改革案が提案されてきた。しかし、立場によって利害が異なるので、調整が難しい。

もっとも単純な方法は、第3号被保険者制度を廃止し、専業主婦の場合も国民年金保険料を納付しなければ基礎年金を受けられないようにすることだ。

しかし、そうすれば、月16、980円の国民年金保険料負担が新たに発生する。しかし、専業主婦は収入がないので、保険料を徴収するのがそもそも適当かどうかが問題だ。これに対する抵抗は強いだろう。また、給与から天引き徴収するという現行の制度が使えないため、事務負担が増大するという問題もある。

さらに、問題は医療保険にも影響する。第3号被保険者問題と似た問題が、医療保険にもあるからだ。厚生年金加入者に扶養されている配偶者は、医療保険の保険料も納めていない。被用者の健康保険では、配偶者は特別の保険料を払わなくても夫の健康保険の対象となるからだ。しかし、国民健康保険では、配偶者は健康保険料を支払わなければならない。

また、第3号被保険者問題と似た制度は、諸外国にも存在する。

厚生年金の適用範囲拡大に、零細企業が対応できるか?

そこで、つぎのような改革案が考えられている（詳しくは、厚生労働省「第3号被保険者制度について（論点例）」を参照）。

第1は、年金を夫婦間で分割するものだ。徴収は第2号被保険者から夫婦分を一括して徴収するが、保険料を2つに分け、それぞれを元にして夫と妻の年金額を計算し、それらを合計した額を世帯全体の年金とする（「2分2乗方式」）。

こうすれば、被扶養者がいない第2号被保険者は保険料が安くなる。被扶養者がいる夫婦において、被扶養者の基礎年金財源分を第2号被保険者が払うか、被扶養者が払うか、また定額か第2号被保険者の収入比例かによって、さらにいくつかの案がある。

また、扶養者がいる場合には、保険料を高くするという方式もある。このほかにもさまざまな改革案が考えられている。

ただし、どのような方式をとるにせよ、立場によって利害が異なる。だから、誰もが納得する改革案はない。

実際には、厚生年金の適用範囲を拡大することによってこの問題を緩和していくことが考えられているように思われる。これは、第3号被保険者制度を維持しつつ、短時間労働者等に対する厚生年金の適用を進めることにより、第3号被保険者を減らすという方向だ。

国民年金制度は自営業者などが加入する制度だと考えられることが多いのだが、実際には、国民年金第1号被保険者の約4割は被用者だ。これらは、賃金が把握できるため、原理的には厚生年金の加入者とすることができる。

これらの人々が第1号被保険者から第2号被保険者に移行すれば、前々項で述べた（1）の問題はある程度解消される。また、現在は「所得の壁」のために被扶養者となっている人々が、厚生年金の加入者になり、（3）の問題も解消される。

ただし、厚生年金の保険料の半分は雇用主が負担するため、こうすることは、雇用主の負担を重くすることになる。雇用主が零細企業である場合、これは決して無視しえない問題だ。企業の負担が増大すれば、事業が立ちいかなくなり、雇用も確保できない場合もあるだろう。それに対しての「理解が必要」という意見が多いのだが、「理解」だけで済む問題ではない。それに対していかなる措置を取るかが重要だ。

6．働けば年金がもらえない：不合理で不公平な在職老齢年金制度

高齢者が働くと、年金を減らされる

本章の1で述べたように、現行の公的年金制度には、「在職老齢年金制度」がある。これは、「公的年金の支給開始年齢である65歳を超えても、働いていると年金をもらえない」という制度だ。[注1]

もう少し詳しく言うと、つぎのとおりだ。就労している厚生年金受給者の「賃金（ボーナスを含む）」と「年金（基礎年金受給額を除いた報酬比例部分）」の合計月額が50万円を超える場合、50万円を超えた金額の半分の年金が支給停止される。[注1]

この金額には基礎年金は含まれない（老齢基礎年金は在職していても全額支給）。また、在職老齢年金の支給停止相当分は、繰下げ受給による増額の対象とならない。[注2]

（注1）従来は、60歳代前半を対象者にした「低所得者在職老齢年金（低在老）」もあったが、2025年で厚生年金保険の支給開始年齢の段階的引き上げが完了すれば（女性は2030年度）、対象者がいなくなるので、終了する。本文で説明しているのは、「高年齢者在職老齢年金（高在老）」と呼ばれている制度だ。

（注2）老齢年金の支給開始年齢は65歳だが、受給開始時期を66～75歳までの間に繰下げると、繰り下げた年数に応じて増額した年金を受け取ることができる。例えば、70歳で受給開始した場合は、65歳に受給を開始した場合に比べて1.42倍の年金額を受け取れる。75歳で受給を開始した場合には、1.84倍の年金額を受給できる。

不合理で不公平な制度

在職老齢年金は、明らかに不合理な制度だ。支給開始年齢になったら、収入のあるなしにかかわらず、無条件で年金を受給できることとすべきだ。

この制度は、長く働く高齢者に対する強いペナルティとなっている。

不合理であるだけでなく、不公平な制度でもある。なぜなら、在職老齢年金が対象とするのは給与所得だけであり、資産所得などは対象としていないからだ。

アメリカやイギリス、ドイツなどには、満額支給開始年齢後に収入額によって年金を減額する仕組みはない。

日本には、なぜこのように不合理な制度があるのだろうか？　それは、もともとは、在職中は年金を支給しないことが原則であったからだ。しかし、それでは65歳以上の在職者にあまりに過酷であるというので、１９６５年に65歳以上の在職者にも支給される特別な年金として「在職老齢年金制度」が導入されたのだ。つまり、この制度は、「本来は受給できないはずの人に、特例として支給する制度」と考えられているのである。

その後、基礎年金制度が創設された１９８５年の改正で、65歳を引退年齢と考え、65歳以上の者は在職中であっても、年金を全額支給することとされた。しかし、２０００年の改正で、65～69歳に対する在職老齢年金制度が再び導入された。２００４年には、適用対象が70

歳以上に拡大された。

高齢者の低賃金化をもたらす

在職老齢年金制度は、高齢者の低賃金化をもたらしている可能性もある。その理由を説明しよう。

それまでの賃金を維持すれば、これ以上働くと年金減額になるとしよう。それでも働くことを「第１案」と呼ぼう。しかし、賃金を低くすれば年金が減額にならないとしよう。そこで、賃金を下げて働くことを「第２案」と呼ぶ。

働く者としては、どちらでも同じだ。他方、雇用者としては、第２案がよい。同一労働時間での賃金が低く抑えられるからだ。そこで、第２案を勧めようとするだろう。

こうして、在職老齢年金制度は、就業する場合にも低賃金の就業を促進することになる。つまり、この制度は、低賃金で高齢者を雇用する企業への補助金として機能していることになる。

高齢者の就業率を引上げられるのか？

今回の財政検証では、60代の就業率が２０４０年度に77．６％になると仮定しているが、これは2022年度から15．5ポイントも引き上げることを意味する。在職老齢年金制度の下で、こうしたことが可能だろうか？

この制度が適用されると、労働時間あたりの賃金が減ることになるので、高齢者の就業時間は減るように思われる。

ただしそれは、「働いて所得を得るよりも余暇を楽しんだ方がマシ」という効果（経済学でいう「代替効果」）によるものだ。

この他に、「貧しくなったことを取り戻すために、それまでより長く働く」という効果（「所得効果」）もあり得る。この効果のほうが強ければ、労働時間が増えることはあり得る。

ただし、これは、労働者が以前より貧しくなることの結果だから、ペナルティーであることに違いはない。

「エイジレス社会」の理念と矛盾する

医療技術の進歩や生活環境の改善によって、高齢者の身体機能は向上している。日本老年学会・日本老年医学会によれば、現在の高齢者は、10～20年前の高齢者に比べて身体機能が5～10年若返っている。

政府は、2018年に取りまとめた「高齢社会対策大綱」で、「年齢による画一化を見直し、全ての年代の人々が希望に応じて意欲・能力をいかして活躍できるエイジレス社会を目指す」と宣言した。

この宣言は、これまで「支えられる側」であった高齢者が、元気なうちは「支える側」に回ることができるよう、社会の意識を変えようとするものだ。在職老齢年金制度は、こうした「エイジレス社会」の理念と明らかに矛盾する。政府は、２０１９年６月にまとめた「骨太の方針」で、在職老齢年金制度は、「将来的な廃止も展望しつつ、見直す」とした。

高賃金者優遇か？

今回の財政検証においては、在職老齢年金制度を撤廃した場合のオプション試算が行なわれている。その結果をみると、制度を撤廃すると、１年間の報酬比例部分の年金給付総額は、今の制度を続けた場合に比べて、２０３０年度に５２００億円、２０４０年度に６４００億円増加する。現在の年金財政制度では、保険料率や国庫負担割合は固定されているため、年金給付総額が増大すると、マクロ経済スライドによる給付水準の調整期間が長期化する。このため、将来の年金水準が低下する。財政検証は、将来の受給世代の所得代替率が、０．５ポイント低下するとした。

こうした問題があることから、「在職老齢年金廃止は、高賃金の高齢者優遇」との批判がある。しかし、これまで述べたように、これは、働き続けることに対する不当なペナルティなのだ。こうした不合理で不公平な制度は、是非とも廃止すべきだ。

政府は、2024年12月に、年金減額が始まる基準額を引上げる方針を示した。

7. 国民年金の低年金問題をどう解決するか？

保険料納付期間延長案の見送りは問題

本章の2で見たように、2024年財政検証では、厚生年金の場合には、5年後の所得代替率は、想定された4つのケースのどれでも、5割を上回る。また高い成長率を仮定したケース1とケース2では、長期的に見ても、2120年まで5割を上回る。

このため、日本の公的年金制度は、安定的な給付を継続してくれるとの印象が広がっている。こうした空気があるためか、政府は、懸案となっていた国民年金の保険料納付期間を延長する改正を、今回は見送る方針を決めたと報道された。

しかし、財政検証の結果をよく見ると、年金の将来は、決して安心できるものではない。長期的に安定した給付が続けられるのは、厚生年金の場合であり、しかも、将来の経済成長について楽観的な見通しをした場合に限ったものだ。国民年金の場合には、現在の給付水準も低いし、将来は、経済成長率のいかんによらず、さらに悪化すると予測されているのである。

基礎年金の給付水準が低い

国民年金加入者世帯の年金額は、厚生年金加入者の場合に比べて６割程度と、もともと不十分だ。それに加えて、将来の基礎年金の所得代替率が低下するのでは、問題はますます深刻化する。これでは、老後生活を年金だけで過ごすことは到底不可能だろう。

国民年金加入者は自営業者が多いというイメージが強いのだが、実際には、非正規労働者が多い。国民年金加入者（第１号被保険者）の４割程度がパートタイム労働者などの被用者だ。こうした人たちは、老後に備えた貯蓄も不十分な場合が多いだろうから、基礎年金の減少は、社会不安の原因になりかねない。

また、基礎年金の場合は、保険料も定額なので、経済成長率が高くなったところで、保険料収入が増えるわけではない。

財政検証の結果を見ても、保険料収入は、①「高成長実現ケース」と②「成長型経済移行・継続ケース」で、２０４０年までほとんど同じだ。そして、基礎年金の所得代替率が、現在の36．２％からさらに下がることが予測されている。

就職氷河期においては、大企業に就職できず、非正規の就業を続けるといった人が多かった。こうした人たちは必ずしも厚生年金には加入していない。それらの人たちの多くは、これまでも十分な額の貯蓄を行なっていないし、また退職金も期待できないと思われる。それに加えて公的年金に期待できないのでは、大きな問題だ。

そして、就職氷河期の人々が、これから退職後の時代を迎えることになる。したがってこれに対する措置は、差し迫った課題だ。

国民年金保険料については、未納の問題もある

国民年金の保険料を2年以上納めないままにしておくと、未納となる。年金額に反映されないだけでなく、受給資格期間にも算入されないので、老齢年金を受給できなくなる恐れがある。未納が続くと、最終的には差し押さえのリスクもある。

自営業やアルバイトなどの場合、経済的な理由で保険料を納めることが困難な人が未納になる可能性が高い。就職氷河期の人々には、未納者が多いと言われる。

それだけでなく、「もらう気がないから払わない」とか、「どうせもらえないから払わない」という理由で払わない人もいると言われる。20~30代の人の中には、「自分たちの世代は将来年金がもらえないと聞いた。だから、払う意味がない」と考えている人も少なくないという。

小泉《こいずみ》内閣当時、17閣僚のうち、7閣僚に国民年金保険料の未納・未加入の時期があって問題となった。2023年1月にも、国会議員の年金未納問題がニュースとなった。厚生労働省「令和3年度の国民年金の加入・保険料納付状況について」によると、2021年度の国民年金保険料の未納者は、106万人だ。第1号被保険者に占める割合は約7．4％となっている。

検討されている対処策

国民年金の低年金問題に対処するため、つぎのようにいくつかの方策が提案されている。そして、今回の財政検証のオプション試算で、それらの効果が試算されている。

（1）厚生年金加入者拡大
（2）国民年金の保険料納付期間延長
（3）マクロ経済スライド終了時点一致

政府は、（1）の方向での制度改正は準備している。これによって事態は改善するだろう。しかし、事業者の負担が増えるという問題がある。

（2）は合理的な方策と思われるが、すでに述べたように、政府はこの方策を取らない方針であると報道されている。保険料増加に反発が強いことを配慮したためだといわれる。

しかし、この政策については、誤解も多い。まず、厚生年金加入者には、保険料負担の増加がない。その半面で、基礎年金は増える。国民年金加入者の場合、確かに保険料負担は増えるのだが、年金も増えるので、国民年金加入者にとっても歓迎すべきものだ。そうしたことをよく説明すれば、国民の支持が得られるはずだ。政府は、そうした努力をすべきだ。

（3）も合理的な方法だが、基礎年金の役割が増大するので、国庫負担が増加することが最大の問題だ。バラマキ福祉などの人気取り政策や、企業に対する補助策をやめて、こうした分野に資金を投入すべきだ。また、支給開始年齢の引上げも検討の対象とすべきだ。

（1）（2）（3）のうち、（1）については、第3号被保険者問題との関連で、すでに本章の5で述べた。そこで、以下本節では、これらの提案のうち、（2）について見る。（3）については、本章の9で見る。

基礎年金の拠出期間延長のオプション試算

基礎年金の給付水準が低いことへの対策として、保険料の納付期間を、現行の40年（20～59歳）から、45年間（20～64歳）に延長する制度改革案がある。

今回の財政検証では、納付期間延長に関するオプション試算が行われている。それによると、期間延長により基礎年金の所得代替率が上昇する。この効果は厚生年金の加入者に対しても及ぶ。具体的にはつぎのとおり。

基礎年金の拠出期間を延長した場合には、その分だけ給付が増額され、基礎年金が充実する。２０２４年度の基礎年金額（年81．６万円）をもとに計算すると、年約10万円の給付増となる。

「③過去30年投影ケース」のもとで、厚生年金の２０５５年の所得代替率は、57．３％と現状維持の場合の50．４％から6．９％ポイントだけ改善する。

ただし、保険料負担も国庫負担も増える。２０２４年度の国民年金保険料（月約1．７万円）をもとに計算すると、５年間で約１００万円の負担増となる。

国民年金の保険料の期間延長は、加入者のためのもの

国民年金の支給開始年齢の引き上げは、対象者に大きな利益をもたらす。

国民年金の加入者の場合には、前述のように保険料が１００万円増加するのだが、それと引き換えに給付が増加する。20年間受給すれば保険料増加額の2倍だし、30年間受給すれば3倍だ。

もちろん、受給は将来のことだから割り引いて評価する必要があるが、これほど高い収益率を実現できる貯蓄手段は、他にはない。これは、基礎年金に対しては半分を国庫負担で賄う仕組みになっているからだ。

もちろん、国庫負担を増加するには、財源が必要だ。財源として増税を選べば、納税者の負担は増える。しかし、これは、納税者が全体として負担するものだ。国民年金の受給者の場合は、差し引きで利益を受けられる場合がずっと多いだろう。

なお、厚生年金の加入者の場合には、現行制度で65歳まで保険料を支払うので、これに加えて余分の負担が必要になるわけではない。他方で、基礎年金の受給額が増える。

8．「百年安心年金」は実現できていない（その1）実質賃金の見通しが甘すぎた

年金制度改革は2023年で完了しているはずだった

人口高齢化が進展するため、保険料負担者が減り、年金受給者が増える。

これに対処するため、政府は、2004年に次のような基本的な方針を決め、年金制度の大改革を実施した。

第1に、2004年から2017年の間に、厚生年金の保険料率を13．58％から18．3

％まで34・８％引き上げ、国民年金の保険料を１３、３００円から１６、９００円まで27％引き上げる。それ以降は引き上げない。また基礎年金への国庫給付金の比率を50％にまで引き上げる。

第２に、給付を徐々に切り下げる。そのための手段として「マクロ経済スライド」が導入された。これは、既裁定年金を、毎年少しずつ減らしていく措置だ。

この調整過程は、２０２３年度までに完了するとされていた。つまり、約20年をかけて、年金制度を正常化することを約束したのである。

２０２３年度以降は、保険料率引き上げやマクロ経済スライドを行わなくても、モデル世帯の所得代替率が50％を下回らない年金を、１００年以上にわたって継続できることになっていた。これが、日本政府が国民に公約した「１００年安心年金」である。

その後5年ごとに財政検証が行われて、この公約が実現するかどうかをチェックしてきた。今年の財政検証が、２００４年改正の20年後のものだ。つまり、前述の改革がすべて完了し、公約が実現したかどうかをチェックする重要な財政検証となっているのだ。

保険料の引き上げは、計画通りに行なわれた。それにもかかわらず、これまで見たように、今後も給付調整が必要とされる。これは、「２０２３年度に調整終了」という政府の公約が破綻したことを意味する。

給付総額は過大

以下では、現時点の公的年金が、２００4年に想定された姿になっているかどうかを検証することとしよう。

まず給付について見ると、マクロ経済スライドによって、既裁定年金を減額することとされていた。

しかし、実際には、マクロ経済スライドは、２０１5年・19年・20年・23年の4回発動された。24年にも発動。それを入れてもわずか5回しか実行できなかった。スライド実行のためには、物価上昇率が０．９％を超える必要があるが、それが例外的にしか実現しなかったからだ。

仮に当初計画通りに実行されていたなら、２００4年から２０２０年では、年金額は約14.4％削減されていたはずだ。ところが、実際には、約2．7％しか削減されていない。

したがって、不足を取り戻すには、現時点で、年金を少なくとも約11．7％減額する必要がある。これが困難であれば、今後もマクロ経済スライドを継続する必要がある。しかも、従来より強化して、物価上昇率いかんにかかわらず、毎年、少なくとも０．９％程度の減額を実行しなければならない。ここで「少なくとも」と書いたのは、スライドを適用される世代が後にずれれば、受給者総数が増えるからだ。したがって、受給者1人あたりの所要削減率は、0．9％より高くなる。

保険料収入は不足

つぎに、保険料について見てみよう。ここでは、2005年と2020年の比較を、厚生年金勘定について行なうことにする。[注1] 2004年度財政再計算での標準的なケースでは、賃金上昇率は2．1％と想定されたので、保険料率が一定でも、保険料収入は、2005年から2020年の15年間で、約3割増加するはずだった。[注2]

そして、保険料率は、2005年の14．3％から2020年の18．3％まで28．0％引き上げられた。だから、保険料算定の基礎となる年収が3割増加すれば、保険料収入は、30＋28＝58％増加するはずだった。

2004年度財政再計算では、保険料収入は、2005年度の20．8兆円から2020年度の34．8兆円まで、67．3％増加すると見積もられた。

実績はどうだったか？　ここでは、厚生年金勘定だけを見ることにすると、2005年度の20．1兆円から2020年の32．1兆円まで、59．7％しか増えなかった。[注3]

保険料率は予定通りに引き上げられたので、見積りとの差は、賃金上昇率についての見通しが過大であったことによるものと考えられる。

２００５年の１．６７３倍になるはずの保険料収入が、実際には１．５９７倍にしかならなかったのだから、２００４年度財政再計算で見積もられていた保険料収入を得るには、保険料率を少なくとも１．６７３／１．６＝１．０４６倍にしなければならない。つまり、約５％の引き上げが必要になる。したがって、保険料率は、18．３％で終わりでなく、少なくとも19．２％にする必要がある。

ここで「少なくとも」と書いたのは、前項で述べた年金額の場合と同じ理由による。保険料引上げを適用される世代が後にずれると、保険料支払者が減少するので、保険料率をさらに高める必要があるからだ。多分、厚生年金保険料率は、２割を超えることになるだろう。

結局のところ、安心年金は実現できておらず、これからも調整が必要ということになる。

（注１）厚生年金勘定とは、厚生年金のうち、共済組合などを除く部分。なお、旧厚生年金と共済年金は、２０１５年に統合された。
（注２）厚生労働省、平成16年財政再計算結果
（注３）厚生労働省、公的年金各制度の財政収支状況

厚生年金の経常収入は赤字になる

２０２０年から40年の20年間を見ると、保険料を負担する15～64歳人口が約20％減少し、年金を受給する65歳以上人口が約10％増加する。

だから、保険料収入は、今後20年間で０．８倍になる。基礎年金への国庫負担は、受給者の伸びと同率で増えるので、20年間で１．１倍になる。厚生年金の場合、２階部分（報酬比例部分）が全体の２／３であり、基礎年金が１／３であるとすると、経常収入（保険料と国庫負担）は、今後20年間で、（２／３）×０．８＋（１／３）×１．１＝０．９倍になる。つまり、２０４０年には、現在より１割減少する。他方、総支給額は、受給者数が増えるので現在より１割増加する。したがって、収支は悪化することになる。

年金会計の経常収支は、現在ほぼ均衡している。だから、今後は各年度の収支が赤字になり、赤字額が増大することとなる。

厚生年金は巨額の積立金を保有しているので、それを取り崩すことになるが、いずれ枯渇する。したがって、大きな制度改革をしないかぎり、公的年金は破綻することになる。

では、どうしたらよいのか？　これについては、本章の10で検討することにする。

実質賃金の見通しが問題

年金財政は、物価上昇に関しては、ほぼ中立的になっている。物価が上昇すると、名目賃金が増えるため保険料収入が増える。一方で、インフレスライドがあるため、年金額も増加するからだ。

しかし、実質賃金上昇に関しては中立的でない。これは、物価上昇率がゼロの経済で、賃金が上昇した場合を考えると理解しやすい。この場合、厚生年金の既裁定年金額は影響を受けない。新規裁定年金額は増えるが、年金給付総額中の比率はわずかだ。他方で、保険料は賃金上昇率と同率で増加する。したがって、実質賃金上昇率が高いと、年金財政は好転するのである。財政検証においては、高い実質賃金上昇率を想定したため、年金財政に問題が生じないとの結論になっていた。

ただし、以上で述べたのは、厚生年金など、保険料が賃金に対する比率で決められている場合だ。国民年金では保険料が名目値で決められるため、前記のメカニズムは働かない。

実際には、同様の問題が、厚生年金などでも潜在的に生じている。しかし、財政検証では実質賃金伸び率を高く仮定しているので、その問題が隠蔽《いんぺい》されてきたのだ。今回の財政検証でも、このバイアスは残っている。

図表4－4　実質賃金上昇率の差が厚生年金の収支に与える影響

	ケース①		ケース②	
	保険料	報酬比例年金	保険料	報酬比例年金
a 2024年	41.6	30	41.6	30
b 2040年	69.5	48.8	65	47.9
b/a	1.67	1.63	1.56	1.60

（注1）保険料と年金額は単位兆円。
（注2）2024年財政検証の資料より、著者作成。

実質賃金上昇率を高く仮定すると、年金財政収支は改善する

前項で述べたように、実質賃金の見通しは、年金財政の将来見通しに大きな影響を与える。実質賃金の伸び率が高いと、保険料率を引き上げたのと同じような効果が生じ、そのため、年金財政が好転するのである（もっとも、実質賃金が増えたことによって増えた新規裁定年金は、時間が経つにしたがって累増していくから、厳密に言えば、保険料率引上げほどの財政改善効果はない）。

今回の財政検証のケース①とケース②の比較でこのことを確かめると、図表4－4のとおりだ。

2024年度から2040年度までの厚生年金支給額の増加率（b／a）を比較すると、ケース①では1．63倍であるのに対して、ケース②では1．60倍であり、ほとんど差がない。[注1]つまり、実質賃金上昇率が高いことは、年金支給額にほとんど影響しない。

それに対して、保険料の増加率は、ケース②で1．56倍で

あるものが、ケース①では1.67倍と、かなり高くなる。[注2] つまり、実質賃金上昇率が高いことが、保険料収入を増やしている効果が認められる。

なお、以上で行なった計算を、他のケース間で行なうことができる、そして、類似の結果が得られる。つまり、実質賃金上昇率が高いと、年金支給額には大きな差が生じないが、保険料収入は増えるのだ。

これまでの財政検証は、高すぎる実質賃金率想定で、年金財政の真の問題を覆い隠してきた。

毎月勤労統計調査によれば、現実の世界での実質賃金指数は、2004年の110から2023年の97.1まで、11.7%下落した。だから、2004年度財政検証で、長期的な実質賃金上昇率を1.1%と設定したのは、きわめて大きな過大見積もりだったことになる。

（注1）基礎年金額は定額なので、ここでは、年金額として報酬比例部分のみを取った。

（注2）収入のうち、保険料収入のみをとった。なお、運用収入を加えれば、実質賃金上昇率が高いことが収入を増やす効果は、さらに強まる。

実質賃金上昇が保険財政に与える影響

実質賃金の上昇が年金収支に与える影響の正確な説明は、ややテクニカルだが、重要な問題なので、以下にその要点を説明することとする。

初年度において、保険料の総額がA、年金支給総額がBであるとする。実質賃金上昇率が年率rであるとする。また、保険料支払者数は、各年齢に同数だけ分布しており、年金受給者は、65歳から85歳まで、各年齢に同数だけ分布しているとする（つまり、保険料支払者や年金受給者数は、時間的に不変であるとする）。初年度において、1人あたり年金額は、年齢によらず、B／20で同額であるとする。

この場合、20年後の保険料総額は、$(1+r)^{20}A$となる。一方、初年度の年金支給総額は、新規裁定者だけが増えるので、$[(1+r)+19]\cdot(B/20)$ となる。以降、第n年度の年金支給総額は、$[(1+r)\cdot n+(20-n)](B/20)$ となる。したがって、$n=20$の場合の年金支給総額は、$(1+r)\cdot B$となる。

したがって、$r=1\%$の場合、20年後の保険料総額は、1.22A、給付総額は1.02Bとなる。したがって、給付総額に対する保険料総額の比率は、初年度のA／Bから、$(1+r)^{19}(A/B)$ となり、上昇する。

なお、実際には、保険料支払い者や年金受給者は、各年齢階層に同数ずつ分布しているわけではないので、それに応じて、ここで示した単純モデルを修正する必要がある。

9.「百年安心年金」は実現できていない（その2）マクロ経済スライドが機能しなかった

給付水準は削減できず、むしろ上昇

「2023年までに100年安心年金」という政府の2004年の公約が実現できなかった原因は2つある。

第1の理由は、実質賃金上昇率に関する見通しが楽観的過ぎたことだ。これについては、前節で述べた。

第2の理由は、マクロ経済スライドを、2024年を入れてもわずか5回しか実行できなかったことだ。だから、給付水準は想定したほどは低下しなかった。所得代替率で表される給付水準は、むしろ上昇してしまった。

実際、2024年度の基礎年金の所得代替率は、2004年度の値より高くなっている。つまり、マクロ経済スライドによって所得代替率を低下させるとされていたにもかかわらず、実際には逆に上昇してしまったのだ。このため、既述のように、今後とも負担調整措置を続けなければならないこととなっている。

つまり、現時点での年金受給者の受給額が増え、それと見返りに、調整期間の延長化とい

図表4－5　調整終了年度

ケース	物価上昇率	調整終了年度	
		報酬比例	基礎
①高成長	2.0	調整なし	2039
②成長移行	2.0	調整なし	2037
③過去投影	0.8	2026	2057
④ゼロ成長	0.4	－	－

（厚生労働省の資料により、著者作成）

う形で、将来の世代に負担を転嫁しているのだ。

基礎年金の給付調整は今後も続く

図表4－5は、今回の財政検証で想定されている4つのケースにつき、マクロ経済スライドの終了時点を示したものだ。

所得比例年金（報酬比例年金）では、ケース①②では、既に終了しており、③では2026年度で終了する。ところが、基礎年金についてはケース①で2039年度まで続き、ケース②では2037年度まで、ケース③では2057年度まで続く。

ケース④では、2059年度に国民年金の積立金が枯渇して賦課方式に移行することとなる。このため、給付調整という問題がそもそもなくなってしまう。その年の保険料収入によって年金が決まっていくというだけのことだ。保険料収入が少なければ、所得代替率は大きく低下してしまうだろう。

所得代替率は低下する

図表4-6は、2024年度と2040年度における所得代替率を示したものだ。2040年度で、報酬比例年金では、ケース④を除いては現状とあまり変わりがない。

ところが、基礎年金については、いずれのケースにおいても現在の36．2％から大幅に低下する。ケース③では31．4％となり、2024年度の36．2％より13％も低下する。

基礎年金と報酬比例年金の両方を受給する厚生年金の加入者の場合には、どのケースでも世帯の所得代替率が5割を下回ることはない。しかし基礎年金だけしか受け取れない国民年金の加入世帯の場合には、所得代替率が現在よりかなり落ち込むことになる。

マクロ経済スライドの継続・強化が必要

マクロ経済スライドがこれまで機能しなかったのは、「年金額の名目値を減らさない」という制約を付けたからだ。公的年金には物価スライド制があるので、物価上昇率が0．9％を超えれば、マクロ経済スライドを実行しても年金の名目値は減らない。ところが、物価上昇率が0．9％を超えることは稀だったので、稀にしか実行できなかったのだ。せっかく制度を作りながら、骨抜きにしたことになる。

したがって、今後は、単にマクロ経済スライド制度を継続するだけでなく、強化が必要だ。

図表4－6　所得代替率（%）

	所得代替率 (%)		
	計	報酬比例	基礎
2024年度	61.2	25.0	36.2
2040年度			
①高成長	56.9	25.0	31.9
②成長移行	57.6	25.0	32.6
③過去投影	56.3	24.9	31.4
④ゼロ成長	55.0	22.5	32.6

（厚生労働省の資料により、著者作成）

仮に前記の制約を完全に撤廃すれば、年金額は毎年約0.9％減少するので、20年後には、0.835倍になる。したがって、経常収支の赤字化は、ほぼ解決できることになる。

所得代替率は、厚生年金で、51.5％に低下する。「所得代替率が5割を下回らない」という公約はぎりぎり実現できる。

ただし、これ以降もマクロ経済スライドを実行すれば、所得代替率は5割を下回るだろう。つまり、いま国民年金に対して問題とされていることが、いずれ厚生年金についても問題になるわけだ。それを打開するには、消費税増税等の財源措置が必要になるだろう。

年金大改革をいま行なわなければ、手遅れになる

以上の改革が行われなければ、厚生年金の経常収支は赤字になるので、積立金の取り崩しが必要になる。そし

て、いつかは積立金が枯渇する。したがって厚生年金についても、支給開始年齢の引き上げや国庫負担率の引き上げ等の大きな制度改革が必要になるだろう。

しかし今回の年金改革では、このことは問題にされずに終わりそうだ。

そして、実質賃金の伸び率を高く仮定するバイアスも残されている。このように、日本の年金は将来にわたって極めて深刻な問題を抱えながら、それが財政検証には現われないという事態が続く。

改革をするのは、いまがギリギリだ。つぎの財政検証まで待てば、手遅れになる危険がある。

基礎年金の給付調整は今後も必要なので、所得代替率が低下する

本章の7で見たように、日本の公的年金制度が抱えている大きな問題は、基礎年金の所得代替率が今後低下することだ。こうなるのは、マクロ経済スライドによる年金額の調整を、今後も継続しなければならないからだ。

ところで、2004年にマクロ経済スライドが導入された時には、基礎年金と報酬比例年金の調整期間が一致するように厚生年金と国民年金の保険料（率）を定めたため、調整期間は一致していた。

しかし、その後、基礎年金と報酬比例年金の調整期間が乖離《かいり》してしまった。図表4－5に示すように、2024年財政検証によれば、報酬比例年金については、ケース①（高成長実現ケース）、ケース②（成長経済移行・継続ケース）では調整必要なし。ケース③（過去30年投影ケース）では2026年度でマクロ経済スライドが終了する。これに対して、基礎年金については、ケース①では2039年、ケース②では2037年まで給付調整が必要だ。

マクロ経済スライドが予定通りに機能しなかったことが原因

給付調整が当初予定されたとおりに完了しなかったのは、マクロ経済スライドが計画どおりに機能しなかったからだ。

すでに述べたように、マクロ経済スライドは、賃金や物価がある程度上昇する場合にはそのまま適用するが、賃金や物価の伸びが小さく、適用すると年金の名目額が減少してしまう場合には、調整は年金額の伸びがゼロになるまでにとどめる（したがって、年金額の改定は行わない）。

この問題を解決するために、過去の物価上昇分を翌年以降に繰り越す「キャリーオーバー制度」が2018年に導入されたのだが、これを発動するためには物価上昇率がかなり高い値になる必要がある。このため、マクロ経済スライドは、これまでに2015、19、20、23、24年度の5回しか発動されなかった。

ところで、マクロ経済スライドは、およそ100年後の積立金残高が給付の1年分だけ残ることを目安に設計されている。だから、給付が削減できなければ、より長い期間続けなければならなくなるわけだ。

なぜ基礎年金の調整期間だけが長くなるのか?

しかし、前項で述べたことは、基礎年金にも報酬比例年金にも等しく影響することであり、基礎年金だけが調整期間が長くなることを説明していない。

基礎年金と報酬比例年金で違いが生じる理由は、次のようなことだろう。国民年金は積み立て金が少ないため、マクロ経済スライドが実行できないことの影響が相対的に大きい。このため、調整期間を延長せざるをえなくなる。それに対して厚生年金の場合には、積立金が多いため、マクロ経済スライドが実行できないことの影響が相対的に小さく、したがって、調整期間はあまり影響を受けない。

なお、この点について、厚生労働省の資料は、つぎのように説明している（「年金制度の仕組みと考え方」第7　マクロ経済スライドによる給付水準調整期間）。

基礎年金の場合は、将来の収支見込みに基づいて、「１年間の給付を１００年後の積立金で賄える」という基準を満たせなければ、給付を削減する。ところで、マクロ経済スライドを当初の予定通りには実行できなかったため、給付が増えてしまった。したがって、基準を満たすために給付を削減する。ところが、基礎年金給付が削減されれば、厚生年金からの基礎年金拠出が減る。したがって、収入のうち報酬比例年金に回せる額が増える。つまり、報酬比例年金の財政状況は好転する。したがって報酬比例年金の削減は緩和することができる。つまり、マクロ経済スライドによる調整を短期化できる。このため、基礎年金において調整期間が長くなる半面で、報酬比例年金においては、調整期間が短くなったのだという。

基礎年金給付の肥大化

こうして基礎年金の調整期間が長期化しているのだが、基礎年金の額そのものは、マクロ経済スライドによって削減されることがない。つまり、基礎年金額は増えている。

夫婦2人分の所得代替率で測った場合の基礎年金の給付水準は、２００４年度には33.7%であったが、２０１９年度には36.4%に上昇した。

２００４年時点においては、２０２３年度以降の基礎年金の所得代替率は28.4%にまで低下する予定であったが、実際には、逆に増えてしまったのだ。

こうして、現実には基礎年金の支給額が増え続け、積立金が減少し続けていく。今回の財政検証によれば、ケース④の場合には、2059年度に国民年金の積立金が枯渇する。このため国民年金は賦課方式に移行せざるをえなくなり、その後の所得代替率が急激に低下する。積もり積もった矛盾が、ここで爆発してしまうのだ。

調整期間の一致

以上で述べた基礎年金の所得代替率低下に対処するための一つの方策として、「マクロ経済スライドの調整期間の一致」という措置が考えられている。

これは、長期化した基礎年金の調整期間を短くし、短くなっている報酬比例年金の調整期間を長くして、調整期間を統一するものだ。これにより、基礎年金の水準が低下することを防ぐことができる。

これに関する計算が、2024年の財政検証においてオプション試算として行なわれている。それによれば、ケース②③の場合、ほぼすべての世帯で年金額が増加する（厚生労働省、令和6（2024）年オプション試算結果）

ただ、基礎年金の調整期間を短くすれば、基礎年金の給付は増える。基礎年金の財源の2分の1は国庫負担であるから、財源措置が必要になる。これに対応するのは、容易なことではない。

なお、厚生労働省は、「マクロ経済スライドの調整期間の一致」によって、基礎年金の目減り問題に対処する方針で検討を始めると報道された。「過去30年投影ケース」では、２０５７年度まで続く基礎年金の抑制を、２０３６年度に終える。厚生年金の所得代替率は、56.２％に上昇する。ただし、この実行には、２０４０年度で5千億円、２０５０年度以降で1.８兆〜2.６兆円という巨額の財源が必要になる。

10．年金支給は70歳からに？

将来も続く人口高齢化がもたらす問題

将来をみると、公的年金を巡る条件は悪化する。最大の問題は、人口高齢化が今後も進むことだ。具体的には、つぎのとおり。

国立社会保障・人口問題研究所の推計（出生中位、死亡中位）によれば、２０２０年から２０４０年の間に、労働年齢人口（15〜64歳）は約2割減少する。つまり、現在の約8割になる。その半面で、65歳以上人口は1割増える。このことは、もう動かせない。仮に少子化対策が効果を発揮して出生率が上昇するとしても、依存人口が増えるだけで、問題の解決にはならない。

仮に年金給付の水準を変えないとしよう。きわめて大雑把に言えば、その場合には、給付の総額は65歳以上人口の増加に伴ってほぼ1割増えるだろう。それを現在の8割の人で負担するのだから、1人当たりの負担は、ほぼ1．1÷0．8、つまり約4割増になる（年金だけでなく、医療も介護も同様の事態に直面する）。このような高負担は、現実には不可能だろう。つまり、公的年金財政は維持できなくなってしまうと考えざるをえない。

2024年財政検証でも、保険料を引き上げずに現在の年金制度を今後も維持できるケースは示されている。しかし、そうなるのは、非現実的に高い実質賃金上昇率を仮定している場合だ。現実的な値を想定すると、所得代替率が大きく下がってしまうのだ。

こうした事態を回避するために、支給開始年齢の引き上げが、議論される可能性がある。

仮に支給開始年齢が引上げられれば、老後生活必要資金額にきわめて大きな影響が及ぶ。

とりわけ、第3章でみた団塊ジュニア世代には、深刻な影響を与えるだろう。

支給開始年齢が70歳になると、3000万円強の貯蓄が必要になり、ほとんどの人が老後生活資金を賄えない

支給開始年齢の引き上げは、老後に向けての必要資金に大きな影響を与える。

前記金融審議会の報告の試算では、高齢夫婦無職世帯の収入のうち、社会保障給付は月19.2万円（年230万円）とされている。5年間では約1150万円になる。

いま、支給開始年齢の70歳への引き上げは、厚生年金・報酬比例部分の支給開始年齢の65歳への引き上げが完了した2025年から行われるとしよう（これは単なる仮定であり、実際に2025年から行われるということではない。厚生年金の積立金は当面は枯渇しないと考えられるので、支給開始年齢引き上げは、行なわれるとしても、もっと後の時点のことになる）。2年で1歳ずつ引上げ、10年間かけて行なうと仮定する。その場合には、つぎのようになる。

1960年に生まれた人は、2025年に65歳となり、年金を受けられる。したがって、1960年以前に生まれた人は、支給年齢引き上げの影響を受けない。

2035年で70歳となる人は、1965年に生まれた人だ。70歳支給開始になるのが2035年であるとすれば、1965年以降に生まれた人は、70歳にならないと年金を受給できない。このように、70歳支給開始の影響をフルに受けるのは、1965年以降に生まれた人々だ。

それらの人々は、単純に考えれば、2000万円に加えて、5年間分の年金額に相当する額を自分で用意しなければならない。したがって、65歳の時点で、約3150万円の蓄積が必要ということになる。現在の高齢者の資産状況を見ると、これをクリアできる家計は、ごく一部だ。いったい、どうしたらよいのか？

もしあなたが詐欺や盗難にあって１０００万円を失ったとしたら、あなたの老後計画は大きな打撃を受けるだろう。支給開始年齢の70歳への引き上げは、それと同じような結果をもたらす大事件なのである

岸田文雄《ふみお》前内閣は、新ＮＩＳＡに投資すれば老後資金は安心できるかのような幻想を振りまいていた。しかし、そんなことでは到底解決することができない大問題だ。

年金70歳引上げの可能性

支給開始年齢の引上げは、すでに論議の対象となっている。２０１８年4月11日、財務省は、財政制度等審議会の財政制度分科会に、２０３５年以降、団塊ジュニア世代が65歳になることなどを踏まえ、それまでに支給開始年齢68歳に引き上げる案を示した。そして、開始年齢を68歳と明記した上で、「支給開始年齢の引き上げによる受給水準充実」のイメージ図を提示した。ここでは、「人生１００年時代」を迎える中、年金財政悪化により、給付水準低下という形で将来世代が重い負担を強いられると指摘している。

仮に支給開始年齢を65歳から68歳に引上げるとすると、支給総額を単純計算で22／25＝0.88にカットできることになる。

ただ、国民の反発は避けられず、実現は決して容易なことではないだろう。

第４章のまとめ

１．２０２５年に公的年金の制度改革が行なわれる予定だ。第３号被保険者と在職老齢年金の問題は方向付けは明らかだが、基礎年金救済問題は難しい。

２．今回の財政検証は、前回に比べて、所得代替率の見通しが改善した。しかし、実質賃金上昇率について現実的な想定のケースでは、国民年金の積立金が枯渇して、所得代替率が大きく落ち込むことが予測されている。政府は、国民年金納付期間延長を行なわない方針だが、問題を放置することは許されない。

３．公的年金の将来見通しにおいて、所得代替率や財政収支などは、実質経済成長率によって大きく左右される。ところが、これに関する財政検証の想定は、非現実的なまでに楽観的だ。

４　財政検証によれば、実質賃金に関する現実的な見通しの下では、公的年金の所得代替率は、現在に比べて大きく落ち込む。これは、老後生活設計に大きな影響を与える。老後のための要貯蓄額は、３５００万円程度になる。場合によっては５０００万円を超える。これへの対策を早急に考える必要がある。

5．日本の公的年金制度が抱えている問題として、「第3号被保険者問題」がある。この制度は社会の変化に合わなくなっていると批判され、長年にわたって検討がなされてきた。いくつかの改革案が考えられているが、改革は進まない。実際には、厚生年金加入の条件を見直して、厚生年金加入者を増やす方向での解決が考えられているが、零細企業の負担増問題は軽視できない。

6．在職老齢年金制度は、「エイジレス社会」の理念と矛盾する不合理で不公平な制度だ。この制度は、廃止する必要がある。

7．日本の公的年金制度において基礎年金の給付水準が低いことが、指摘されていた。今回の財政検証のオプション試算では、拠出期間の延長が効果があると示されたにもかかわらず、政府は、この改革を行なわないことを決めた。就職氷河期世代の人たちがこれから退職期を迎えることを考えると、この決定は大きな問題だ。

8．２００4年に「１００年安心年金」が導入されて、20年が経った。１００年間にわたって安泰な年金制度が実現されたはずなのだが、本当にそうなっているだろうか？　マクロ経済スライドをほとんど実行できず、また保険料収入見通しが楽観的すぎたので、「１００年安心年金」は、実現できなかった。

9．マクロ経済スライドによる年金の削減措置は、基礎年金については今後も続くと予測されている。最悪の場合には、国民年金の積み立て金が枯渇し、給付額が一挙に落ち込む。こうした事態を防ぐための方策として、調整期間の一致化が考えられているが、国庫負担が増加するため、財源措置が必要だ。

10．今後も人口高齢化が続くので、年金制度を維持する困難さは増す。これに対処するため、年金支給開始年齢の引上げが議論の対象となる可能性がある。

第５章　介護保険は破綻しないか？

1. 要介護に備えて、まずは正確な情報収集を

介護は、誰にとっても避けられない重大問題

いまや介護は、すべての日本人にとって最重要の問題の一つだ。家族や身内に要支援・要介護者が１人もいないという人は、むしろ稀だろう。

配偶者が面倒を見たいところだが、大変な負担になる。子ども達にも迷惑は掛けられない。そこで、施設に入ることを考える。

まず検討するのは「特養」だが、空きがなくて入れない。そこで、民間の有料老人ホームや、サービス付き高齢者住宅を調べる。中には、高級ホテルと見まがうようなところもある。こうしたところで老後を過ごせたら、と思う。

ところが、入居時に数千万円が必要なところもある。これほど巨額のお金を出さないと、満足な介護を受けられないのだろうか？

数千万円も出すのでは、選択を間違えては大変だ。それに、千差万別さまざまなものがあって、自分に適したものがどれかが、よくわからない。

広告より、まず客観的な情報を得よう

介護施設について、情報がないわけではない。それどころか、新聞の折り込み広告に、有料老人ホームの広告が毎日のように入っている。詳しい情報を得ようとインターネットで検索すると、求めてもいないのに、うるさいほど沢山の広告が立ち上がるようになる。

しかし、これらは、広告であって、広告主に都合がよいことしか書いていない場合が多い。他の手段との比較でどうなのかという、本当に知りたい情報が提供されていない。

多くの人が知りたいのは、施設に入るのと自宅で介護サービスを利用することとの比較だろう。できれば自宅を離れたくない。では、自宅に住み続けて、どのようなサービスが得られるのか？　単に制度上サービスがあるというだけでなく、実際に、支障なくサービスを受けられるのか？

こうした情報は、有料老人ホームの広告からは得られない。それよりは、公共機関が提供

している情報を見るのがよい。

まずは、厚生労働省の「介護保険の解説」を見よう。ここで、制度の概略を把握する。

ただし、これは制度の解説であって、どの程度のサービスを実際に得られるのか、人々がどのように利用しているのか、などについては分からない。こうした情報を得るには、各市町村のウェブサイトを調べる必要がある。

要介護・要支援者700万人のうち、「介護施設等」に217万人

介護の現状はどうなっているだろうか？

2022年9月で、65歳以上の高齢者人口は、3627万人だ。そして、要介護・要支援の認定者数は697万人だ。

他方で、「介護施設等」の定員数は、図表5－1に示すとおり、2020年で合計で217万人だ。このうち、有料老人ホーム（60．6万人）、介護老人福祉施設（特養）（57．6万人）、介護老人保健施設（老健）（37．3万人）等の定員数が多い（内閣府、『高齢社会白書』）。

最近では、有料老人ホームの定員数が増えている。また、サービス付き高齢者住宅も増えている。新聞の折り込み広告に入っているのは、このカテゴリーだ。これについては、本章の2で詳しく述べる。

なお、ここで「介護施設等」と「等」を入れているのは、後で述べるように、行政上の用語としては、「施設」はもっと狭い概念だからだ。

要支援・要介護者約700万人のうち、約500万人は従来の自宅にいる

先に見たように、要支援・要介護の総数は697万人。他方で、介護施設等の定員の合計は、前項で見たように217万人だ。

したがって、これらの差である480万人は、それまで住んでいた自宅に住み続けて介護保険のサービスを受けているはずだ（実際には、有料老人ホーム等には健常者も入居しているので、自宅にいる要支援・要介護者は、もっと多いはずだ）。

つまり、数から言えば、最も多いのは、従来住んでいた自宅に住み続け、介護保険のサービスを受ける人々だ。

だから、有料老人ホームを調べるより先に、在宅のままでどのようなサービスを受けられるかを調べることが重要だ。

介護保険でいう「施設サービス」は、「特養」などのみ

行政の立場からは、以上で述べたのとは、やや違う分類が行なわれているので、混乱しや

図表5－1　介護施設等の定員数（2020年）

	定員数
介護老人福祉施設（特養）	576,442
介護老人保健施設（老健）	373,342
介護医療院	33,750
介護療養型医療施設	19,338
認知症対応型共同生活介護（グループホーム）	211,300
養護老人ホーム	62,944
軽費老人ホーム	95,073
有料老人ホーム	606,394
サービス付き高齢者向け住宅	194,873
計	2,173,456

資料：令和4年版高齢社会白書、図1－2－2－11

すい。

介護保険では、介護サービスは、居宅サービス、施設サービス、地域密着型サービスの3種類に分類されている。

この分類は、注意を要する。有料老人ホーム等の施設に入っていても、そこが居宅であれば、居宅サービスとされるのだ。

ここでいう「施設サービス」は、多くの人が考えているより範囲が狭い。施設に入居し、24時間体制で介護を受けられるもので、次の3タイプだけが含まれる。

（1）介護老人福祉施設（特別養護老人ホーム）

（2）介護老人保健施設（老健：医療と福祉の両方のサービスが提供され、8割以上が認知症の人）。

（3）介護療養型医療施設（療養病床を持つ病院／診療所）

なお、「施設サービス」は、図表5－1の特養と老健、介護医療院の計とほぼ等しい。

「居宅サービス」とは

居宅サービスとは、自宅で生活を続けながら受けられる介護サービスである。利用できるのは、要介護認定を受けている人だ。

ヘルパーや看護師などが自宅を訪問してくれるサービス、利用者が施設に通うサービス、短期で宿泊できるサービスなど、様々なものがある。

武蔵野《むさしの》市の場合、「介護サービス事業者リスト」で検索すると、サービス種類ごとに、事業者の一覧が見られる。各事業者のウェブサイトにアクセスすると、空き具合なども分かる。他の市町村でも、同じような情報が得られるだろう。

「地域密着型サービス」とは

地域密着型サービスとは、2006年から新しくできたサービス。高齢者が中重度の要介護状態となっても、住み慣れた自宅又は地域で生活を継続できるようにするため、身近な市町村で提供される。

居宅介護サービスとの大きな違いは、訪問介護や訪問看護、デイサービスやショートステイなどのサービスが同一事業所から提供されるので、顔馴染《なじ》みのスタッフがいるため安心感が得られることだと言われる。

訪問介護にもいろいろある

多くの人は、訪問介護とは、それまでの自宅に住み続けて介護サービスを利用することであり、介護全体の中でごく一部であるように思っている。しかし、実は、介護の大部分は、訪問介護なのだ。だから、その動向は、大変重要な問題だ。

ただし、同じく訪問介護と言っても、一軒一軒を訪問するのと、有料老人ホームなどでまとめてサービスを提供するのとでは、効率が大きく違う。この点をどう考えるかは、重要な問題だ。

2．老人ホームをどう選択する？

老人ホームの分類は、実にわかりにくい

老人ホームの選択は重要な問題だ。自分は介護の必要がないとしても、親が要介護になる可能性は十分ある。したがって、誰もが、基本的な知識を持っている必要がある。

民間の老人ホームとしては、実に様々なものがある。主要なものとして、次の4類型がある。

・介護付き有料老人ホーム（「介護付き」）
・住宅型有料老人ホーム（「住宅型」）
・サービス付き高齢者向け住宅（「サ高住」）
・グループホーム

これらは、行政上からの分類であり、各々の区別ごとに、施設が満たすべき条件が設定されている。

ただし、実際のサービスがどのように違うのかは、非常にわかりにくい。そして、サービスの違いが入居費用とどのように関連しているのかも、よくわからない。このため、個々の場合に、どの類型の施設を選んだらよいのかという判断が難しい。

しかし、その差を正確に把握しておくことは重要だ。施設によっては、入居の際に巨額の一時金を必要とする場合がある。それは、退去しても全額は戻ってこない。だから、選択を誤れば後悔するかもしれない。十分に理解して選択をする必要がある。

サービスの違いと費用の違い

食事の提供、生活相談、見守り・安否確認などのサービスは、どのタイプでも提供している。

「グループホーム」は、認知症の高齢者のみを対象としている。

介護サービスは残りの３類型によって提供されるが、タイプによって、以下に述べるような差がある。それによって、費用も異なる。

必要とするサービスの観点から、どれが望ましいのか？　以下では、この観点から、どのような場合にどのような施設が適しているのかという問題を考えることにしよう。

なお、同一範疇《はんちゅう》内であっても、提供されているサービスや費用は、施設によって非常に違う。

介護の利用しやすさと、介護費用の負担方式

「介護付き」は、24時間365日、介護スタッフが常駐している。それに加え、生活相談員、ケアマネジャー、看護職員などがサービスを提供している。

手厚いサービスが提供されているわけだが、費用は高くなる。したがって、それほど手厚い介護サービスを必要としない場合には、割高になっていると考えることができる。

こうした人は、初期費用が敷金程度の「サ高住」や、入居一時金があまり高額ではない「住宅型」のほうがあっていると言えるだろう。入居後に手厚い介護サービスが必要になったら、改めて「介護付き」や「特養」を選ぶこともできる。

サービスの提供者、介護費用の負担方式などは、類型によって異なる。

「介護付き」では、入居する施設がサービスの提供者になる。そして、介護サービス費用は、要介護度によって決められた定額を負担する。したがって、高い要介護度でも介護保険サービスを定額で利用できる。そのため、多くの介護を必要とする人は、費用を抑えることができる。

「サ高住」には「一般型」と「介護型」がある。一般型では、近隣の外部事業者による居宅

図表5－2　さまざまな老人ホーム等の比較

	要介護の程度				費用		
選択肢	自立	軽度	重度	認知症	低	中	高
1. 民間							
介護付き			○	○			○
住宅型		○				○	
サ高住	○				○		
グループホーム				○			○
2. 公的老人ホーム			○		○		
3. 在宅	○	○			○		

サービスを利用する。介護型（特定施設）では、施設にいる担当の介護職員が、介護サービスを提供する。

「住宅型」では、サービスの提供者は、近隣の介護事業所だ。

「サ高住」と「住宅型」では、利用した介護サービスの分だけ課金される。このため、自分にあった介護サービスを自由に選択できるとされる。

以上をまとめて示すと、図表5－2のようになる。なお、これは、おおよその基準を示すものに過ぎない。具体的なケースについては、個々の事情を勘案することが必要だ。

自宅に住み続けることとの比較

老人ホームに関する資料は沢山あるのだが、多くの場合、何らかの形態の老人ホームに入ることを前提にし、その範囲内での比較をしている。つまり、図表5－2で言えば、主として1.民間の範疇内での比較だ。

しかし、前節で述べたように、一番大きな選択は、自宅に住み続けるか、それとも老人ホームに入るかの選択だ。

これを判断する上で参考になるのは、老人ホームでは、1人用の部屋が多く、2人用の部屋はわずかという事実だ。

これは、夫婦のどちらか一方だけが要支援・要介護になり、他方が健常である場合には、自宅に住み続けて、デイケアセンターに通ったり訪問介護を受けたりして対処し、配偶者が死亡して1人になった場合に、施設等に転居するという場合が多いためであると思われる。

前節で見たように、要支援・要介護者約700万人のうち、特養等の施設及び有料老人ホーム等にいる人々の数は約200万人であり、残り約500万人は自宅に住み続けていると推測される。後者は、主として、夫婦のどちらかが比較的軽い要支援・要介護状態になっている場合であろう。

在宅の場合、どのような支援・介護サービスを利用できるか？

在宅のままで受けられるサービスは、「訪問介護」と「通所介護」、そして「短期入所生活介護」が中心だ。いずれも、ケアマネジャー（介護支援専門員）にケアプランを作成してもらう。

「訪問介護」は、ホームヘルパーが自宅を訪問し、食事、入浴、排泄《はいせつ》、衣服の着脱などや、掃除、洗濯、買い物などの生活援助を行なう。ただし、家族と同居している場合には、家事支援を受けることはできない。

「通所介護」（デイサービス）では、デイサービスセンターに日帰りで通い、食事や入浴などの介護サービスを受ける。

「短期入所生活介護」（ショートステイ）では、特別養護老人ホームや介護老人保健施設などに短期間入所し、食事、入浴、排泄の介護や生活機能の維持や向上のための支援を受ける。

配偶者が死亡して1人になった場合の選択

配偶者が死亡して1人になった場合、自立できるのであれば、選択は、自宅に住み続けるか、あるいはサ高住となるだろう。

要支援か要介護1、2になった場合は、自宅に住み続けるか、住宅型かだろう。費用は住宅型にする方が高くなる。

要介護3以上になった場合、1人で自宅に住み続けるのは、難しくなるだろう。そうであれば、選択は、介護付き有料老人ホームか、特養などだ。どちらかで費用が大きく変わる。

ただし、特養は希望しても入れるとは限らない。

なお、以上で述べたのは、あくまでも大雑把な判断の目安にすぎない。実際には、個々のケースに応じて判断することが必要だ。


大規模施設でないと、満足な介護サービスを受けられないのか?


ここで大きな問題となるのは、自宅に住み続ける場合に受けられるサービスが、将来減少するのではないかとの懸念だ。

本章の4で述べるように、2024年度から訪問介護の基本報酬が切り下げられた。これに対する反対が強まったことから、厚生労働省は、訪問介護事業所の採算状況のデータを公表した(訪問介護事業、36%赤字「高利益率」理由に報酬減、中小は苦境、朝日新聞、2024年3月11日)。

それによると、大規模な事業者は利益率が高く、小規模な事業者が利益率が低いという傾向がはっきり現れている。

大規模な事業者とは、民間老人ホーム(とくに「介護付き」)の場合が多いのではないかと推察される。この場合には、ホームに事業所があり、要支援・要介護者が1カ所にまとまっているので、事業が安定し、効率も高くなっているのではないかと想像される。

そうだとすると、そうした大規模事業者は生き残るが、個別の住宅を訪問する小規模事業者は、切り捨てられてしまう危険がある。

そして、自宅に住み続けながら介護を受けるという形態の生活が難しくなる可能性がある。

これは、大きな問題だ。

3．要介護になったら、施設に入らないと生活できないのか？

「自宅か施設か」を判断するためのデータがほしい

多くの人が、老後も住み慣れた自宅に住み続けたいと思っている。しかし、要介護状態になれば、それは難しいのかもしれない。では、どの程度の要介護状態になったら、自宅での生活は無理なのか？

「自宅か施設か」という選択のためには、これに関する情報が不可欠だ。以下では、実態調査からどの程度の情報が得られるかを見ることにしたい。

とりわけ知りたいのは、次のことだ。
・要介護状態になった場合、どの程度の訪問サービスを受けたり、デイケアサービスを受けたりすることができるか？　そうしている人は、要介護者の中で、どの程度いるのか？
彼らは、現状に満足しているか？　住んでいる地域によって事情はどの程度違うか？
・何らかの施設に入居せざるを得ないのは、どのような理由によるのか？
・有料老人ホームなどでは、どのようなサービスが提供されているか？
・要介護になったら、施設に入らないと生活できないか？

施設に入居したのは、要介護、あるいは認知症になったから

LIFULL seniorが行なった「介護施設入居に関する実態調査　２０２３年度」によると、老人ホーム入居者のうち、入居時に「自立」だった人は、4．6％に過ぎない。

老人ホームの広告は、「施設に入れば自宅を維持する面倒さや、料理、家事の必要がなくなる」などと謳《うた》っていることがあるが、そのような理由で施設に入る人は、ごく少数であることが分かる。

施設に入る人の大部分は、要介護状態になった人だ。全体の16．7％が、入居時に「要介護2」だ（これは、立ち上がりや歩行などが自力で出来ず、排泄や入浴などに介助が必要な段階）。50％超が、要介護2以下で介護施設へ入居している。それは、自宅での介護が大変だからだ。

また、入居を考えるきっかけとなった状況として、46．0％が「認知症」とした。認知症

になった場合には、自宅での生活は難しく、施設に入ることが必要になる場合が多いのだろう。

では、こうした人たちは、入居前には、どうしていたのか？　入居前の自宅での介護期間は、3年未満が59．6％だ。3年以上になると、自宅での介護は、負担が重くなることが分かる。

「自宅での介護期間はない」が15．4％だ。これは、入院して退院後に、自宅での生活が難しくなった場合と思われる。なお、「5年以上」という人も15．9％いる。前に述べたように、施設の部屋は1人部屋が圧倒的に多く、2人部屋は少ない。すると、入居者は、配偶者と死別した人たちなのだろうか？　それとも配偶者の一方は自宅に住み続けているのだろうか？　これについてのデータは、見つからなかった。

ただし、夫婦の一方が認知症となって施設に入り、一方の健常者は自宅に住み続けるというケースは多いのではないかと想像される。

どういう施設で、どのようなサービスが提供されているか

LIFULL senior の「介護施設入居に関する実態調査」（2020年11月）によると、施設の種類別に見た入居者数の比率は、つぎのとおりだ。

介護付き有料老人ホーム（39．3％）、特養（16．7％）、介護老人保健施設（8．1％）、住宅型有料老人ホーム（7．4％）、サ高住（6．2％）、グループホーム（6．1％）、介護療養型医療施設（5．6％）。

なお、同調査によると、入居時の年齢は、つぎのとおりだった。80代が46．5％、90歳以上が23．8％、70代が21．8％。

老人ホームの実態については、「有料老人ホーム・サービス付き高齢者向け住宅に関する実態調査研究事業」（平成26年、公益社団法人全国有料老人ホーム協会）が、詳しい情報を提供している。

入居者の住民票住所、生活支援等のサービス提供状況、医療支援体制、費用などの情報は、興味深い。例えば、看護師がホームに常駐している割合は、介護付ホームでは95．7％、住宅型ホームでは59．3％、サービス付き高齢者向け住宅では50．4％だ。また「在宅療養支援診療所・病院と協力・連携体制をとっている」のが、介護付ホームでは78．5％、住宅型ホームでは67．6％、サービス付き高齢者向け住宅では63．0％などだ。

居室面積や支払い費用の平均額も示されている。例えば、介護付で、85歳要介護3で入居の場合の平均的な姿は、居室面積は18．2平方メートル。敷金・保証金等の前払金は46万円、月額利用料（家賃、食費、介護費用など）は、22万円だ（ただし、これは全国平均値だから、大都市の場合には、あまり参考にならないかもしれない）。

「自宅から」と「病院・診療所から」が多い

「高齢者向け住まい及び住まい事業者の運営実態に関する調査研究」（野村総合研究所、２０１７年）によると、介護付き有料老人ホームの場合、入居時に「自宅から」は41．５％、「病院・診療所から」が40．０％だ（残りは、他のタイプの有料老人ホームなど）。サービス付き高齢者住宅の場合には、それぞれ、50．８％と32．５％だ。

このように、「病院・診療所から」の比率がかなり高い。これは、脳梗塞《のうこうそく》などの発作で入院し、退院後に要介護になって施設に入居する場合が多いことを示している（退院後、一時的に自宅で介護していた場合も多いだろうから、実質的に「病院・診療所から」の比率は、もっと高いと考えられる）。

こうした場合に、どのような施設にするかを時間をかけて検討する余裕はないかもしれない。そうした事態に備えて、早くから情報収集を心がけることが必要だろう。

「要介護３以上でも在宅」は多い

一方において、要介護度が３以上であっても、施設に入らない人が多いとの調査結果もある。

「在宅介護実態調査結果の分析に関する調査研究事業　報告書」（三菱ＵＦＪリサーチ&コンサルティング、２０２１年３月）によると、要介護３以上の人々の中で、「施設等を検討していない」人の割合は、２３９の自治体の平均で62．３％と、意外に高い。

施設を検討しないのは、訪問介護や通所介護で十分だからなのか、それとも、施設に入るのが経済的に難しいからなのかは、分からない。

ただし、かなり要介護度が高くても在宅の人が多いことは、間違いなく言える。実際、すでに述べたように、日本全国での要支援・要介護者約７００万人のうち、約５００万人は在宅であろうと推計されるのである。

なぜ施設入居が必要か？

最も知りたい情報は、なぜ施設に入居しなければならないのか？　なぜ自宅に住み続けて訪問介護や通所介護で対処するのでは不十分なのか？　ということだ。訪問・通所介護では、受けられるサービスが不十分なのだろうか？

あるいは、配偶者を亡くして、１人暮らしになってしまったからだろうか？　そもそも、訪問・通所介護は、同居者の存在を前提にしたものか？　それとも、１人になっても、訪問・通所介護で在宅が可能なのだろうか？

こうした情報を知りたいのだが、それについての情報は不十分だ。

訪問介護の実態調査もあるのだが、事業者の経営状況に関する調査であり、利用者の立場からみた調査は、私が探した限りでは、見出すことができなかった。

仮に、「ある程度以上の要介護になると、在宅介護では不十分で、施設入居が必要」という結論になると、行政側としては、「特養が不十分な状態で、民間の有料老人ホーム等に任せるのか。それでは、金持ちしか介護サービスを受けられなくなる」という批判が出ることを心配しているのだろう。

しかし、現状の問題点を隠したところで、問題がなくなるわけではない。特養等の公的な施策が不足なら、それを増やすために予算を増やすことが必要だ。あるいは、介護保険料や自己負担を引き上げて、対処することも必要だ。

利用者側からの調査は、そうした政策が必要であることを支えるデータとなるだろう。

4．介護人材の不足

2040年には要介護・要支援者が1000万人に

介護保険制度が維持されることを、誰もが切実に望んでいる。だが、それは決して容易なことではない。

要介護・要支援認定者数は、介護保険制度が発足した2000年には218万人だった。それが、2003年に349万人、2013年に564万人と増加し、15年度には600万人を突破した。そして、2022年3月には690万人になった。第1号被保険者（65歳以上）もこの間に増加したので、当然のことと言えよう。

今後も高齢者数は増加するので、要介護・要支援認定者数は、2040年頃ピークになり、1000万人に迫ると予測されている。[注1] つまり、現在よりも約45％も増加する。

介護職員数も、要介護者の増加とともに増加しなければならないだろう。要介護者が約690万人から1000万人になるのだから、単純に考えれば、介護人材も現在の1．45倍必要ということになるだろう。

2019年度において、介護職員は全国に約211万人いた。厚生労働省の試算では、2

０４０年度には、約２８０万人の介護職員を確保する必要があると推計されている。これは、32．７％の増加だ。[注2][注3]

要介護者数は、前述のように、６９０万人から１０００万人へと45％も増えるのだから、ずいぶん控えめな見積もりのように思える。実際にはこれでは足りなくなる可能性の方が大きいのではないだろうか？

（注１）経済産業省、商務・サービスグループ、新しい健康社会の実現、４．介護における課題と対応、２０２３年３月。経済産業省「将来の介護需給に対する高齢者ケアシステムに関する研究会」（平成30年３月）

（注２）「第８期介護保険事業計画に基づく介護職員の必要数について」（厚生労働省　令和３年７月）

（注３）「２０４０年を見据えた社会保障の将来見通し（議論の素材）」―概要―（内閣官房・内閣府・財務省・厚生労働省　平成30年5月21日）

深刻な人手不足

介護部門は、深刻な人手不足に直面している。

これを端的に表しているのが有効求人倍率だ。２０２３年12月で、全職種で１．23、一般事務従事者では０．37であるのに対して、介護サービス従事者は４．20と極めて高い（厚生労働省、一般職業紹介状況、令和５年12月分について）。

大都市ではとくに高い。東京都では介護関連の有効求人倍率が７．95だ（２０２３年12月、なお全職業では１．55）。

他職業との賃金格差が拡大、介護部門の労働力が減少

有効求人倍率がこのように非常に高い値になるのは、介護部門の賃金が低いからだ。また労働条件も過酷な場合が多い。

では、介護部門の賃金は、どの程度だろうか？

厚生労働省「令和３年賃金構造基本統計調査」によると、２０２１年における介護部門の賃金月額は、つぎのとおりだ（企業規模10人以上、男女計、「所定内給与額」）。

・介護職員（医療・福祉施設等）：２３５．９（千円）

・訪問介護従事者　：２５７．６（千円）

これは、一般労働者の平均３０７．４千円に比べると、かなり低い。

なお、厚生労働省「令和３年度介護従事者処遇状況等調査結果」によると、介護従事者の

２０２１年9月の平均給与額（月給・常勤の者）は、３２３千円だ。これは、２０２０年の３１５千円に比べて8千円（２．５％）の増加であり、伸び率は経済全体の平均よりは高い。しかし、水準が低い。しかも、近年の物価高騰のために他部門の賃金が上昇するので、他の職種との差が開いた。

岸田文雄前内閣は、介護従事者の賃上げを最重要の課題としてきた。政権発足直後の２０２１年11月の閣議決定で、「新しい資本主義」の経済対策の一環として、保育士や介護・障がい福祉職員などを対象として、収入の３％程度（月額９、０００円）の引き上げ措置を打ち出した。そして、２０２２年2月から、介護職員・保育士などの賃金を月額９、０００円引き上げた（ただし、訪問介護などは、対象外）。この措置は、22年10月以降は介護報酬に組み込まれて恒久化された。

しかし、それでも全体の賃金上昇に追いつかず、格差はさらに拡大した。

実際、厚生労働省の分析によると、賃上げにもかかわらず、２０２２年には、介護分野からの離職者が入職者を約6万３０００人上回り、就労者が前年より1．６％減少したのである。離職超過は、はじめての現象だ。

介護保険料を引き上げる必要

現在、利用者負担は原則1割（一部の高所得者は2割、3割負担）だ。それ以外は介護保険から支払われる。保険給付は税と介護保険料で賄われている。したがって、職員の給与を引き上げるには、介護保険料を引き上げる必要がある。

自己負担を除いた介護給付費の総額も２０２０年度に10兆円を超えた。２０２１年度には10．４兆円と、２０００年比で３倍超に増えた。介護費用の総額は13．３兆円（22年度予算ベース）で、２０００年度の約３．７倍になった。この費用を賄うために、保険料も大幅に増えた。

65歳以上の保険料（基準額の全国平均）は、２０００年度には月額２９１１円だったのが、２０２１～23年度の全国平均は月額６０１４円だ。２０４０年度には月額約９０００円になる見通しだ。こうした背景で、65歳以上の介護保険料が２０２４年度から引き上げられた。年間所得４２０万円以上の高齢者の負担は増加する。対象は約１４５万人で高齢者人口の４％にあたる。一方、世帯全員が住民税非課税である低所得者の保険料を引き下げる。

この問題は、第7章で再び取り上げる。

5．崩壊寸前の訪問介護で、なぜ基本報酬を引き下げる？

訪問介護の基本報酬を引き下げという暴挙

２０２４年度の介護報酬の改定率は、１．59％の引き上げとなった。改定率の内訳は、介護職員の処遇改善分が０．98％、その他の改定率が０．61％。これらとは別に、改定率の外枠での引き上げが０．45％相当になる。

しかし、訪問介護、定期巡回・随時対応訪問介護看護、夜間対応型訪問介護の３サービスの基本報酬は引き下げられた。訪問介護の引き下げ率は２％強だ。

２０２２年度の利益率が、全サービス平均では２．４％だったのに対して、訪問介護では7．８％であったことが、一つの根拠となった。

実際には、人材を確保できないために人件費が減ったのが黒字の原因といわれる。23年には67件が倒産している。現場は危機的な状態で、人手不足のため、訪問介護の要請を断らざるをえない場合が続出しているという。日本の介護は、在宅介護を中心とするという基本方針であったはずだ。しかし、実際には、訪問介護は、すでに崩壊寸前まで追い詰められている。

厚生労働省は、「処遇改善加算」が拡充されたことを強調している。職場環境の改善や研修の実施などの要件を満たせば、基本報酬に加えて、訪問介護の場合に最大24．5％を加算できるという。しかし、制度が複雑で、実際にどれだけの効果があるかは、疑問だ。

保険料は払ったが、給付は受けられない？

訪問介護の有効求人倍率は2022年度には15．5倍だった。そして、2022年に3％の賃上げをしたにもかかわらず、介護従事者が減少している。

人手不足が深刻なのに報酬を切り下げられてしまっては、在宅介護は破綻してしまうだろう。それは決して杞憂《きゆう》ではなく、地域によって現実の問題となっている。

訪問介護だけでなく、介護保険そのものが破綻するかもしれない。年金や医療保険では、「保険料は払ったが、給付は受けられない」という事態には、まずならないだろう。しかし、同じことを介護保険に期待できるのかどうか、怪しくなってきた。もちろん、要支援・要介護にならなければ、介護保険料は掛け捨てになる。しかし、介護サービスが必要であるにもかかわらず、それが得られないのでは困る。

我々の世代は、介護保険が発足する直前に、親の介護を（当然、全額自己負担で）行なった。そして、介護保険が発足すると、今度は、保険料を支払うことになった。そして、自分たちの介護が必要となると、介護サービスが必要になっても受けられないかもしれない。何と運が悪い世代だろうと思わざるをえない。

国や地方公共団体は、「保険料詐欺」と言われないように、何とか約束通りの介護サービスを確保できるよう、努力を続けてもらいたいものだ。

介護保険に関して問題は山積みなのだが、まず緊急の課題として、前記の訪問介護の基本報酬切り下げを撤回すべきだ。

この措置に対しては、全国社会福祉協議会・全国ホームヘルパー協議会と日本ホームヘルパー協会が、２０２４年2月、厚生労働省に対して、抗議文を提出した。「ウィメンズアクションネットワーク」、「高齢社会をよくする女性の会」など5団体は、撤回を求める緊急声明を公表した。

6．なぜ外国人労働者の活用を進めない？

外国人労働者の活用

日本でなぜ外国人労働者が必要かと言えば、人口高齢化のために、労働力が減るからだ。

外国人労働者は、これに対する大きな助けになる。

人手不足がとくに深刻なのは、介護人材だ。

この状態を何とか解決するため、海外からの人材を増やすのは強力な手段になるはずだ。これは、いますぐにでも、日本が決断すればできることだ。

２０１９年４月に入管法が改正され、「特定技能」という在留資格が新たに創設された。これは、人手不足が深刻な産業分野全12分野において、外国人材の受け入れを可能にするものだ。介護もこの12分野に含まれる。

それなのに、日本は訪問介護人材の永住を認めない

ところで、話はそう簡単ではない。特定技能には、1号と2号がある。「特定技能」1号では在留期間の上限が「5年」なのに対して、「特定技能」2号の場合は上限がない。また、「特定技能」2号の場合は、要件を満たせば家族帯同もできる。

特定技能2号は、建設業と造船・舶用工業の2分野にのみ認められていたが、２０２３年に対象分野を拡大し、農業・漁業・宿泊・外食業など、11分野が対象となった。しかし、介護分野には、特定技能2号は設けられていない。

特定技能「介護」では、1年・6ヵ月または4ヵ月の在留期間の更新を行いながら、通算5年まで日本で働くことができる。介護福祉士の資格は不要だが、既定の試験に合格する必

要がある。一方で、特定技能「介護」は、身体介護と付随する支援業務を行うことができるが、訪問系サービスはできない[注]。また、特定技能２号がない。このように、いくつかの制約がある。

とくに問題となるのは、特定技能２号がないため、永住できないことだ。しかし、多くの外国人が求めるのは、出稼ぎ労働ではない。家族を含めての永住だ。だから、こうした制約は解除する必要がある。

介護に特定技能２号がない理由は、日本で永続的に就労するなら在留資格「介護」を取得すればよいからだとされる（在留資格「介護」は、２０１７年９月から介護業界の人材不足を解消するために認められたもの。なお、そのためには、介護福祉士の資格を取る必要がある）。

介護での人手不足解決のために現実的な方策があまりない状況で、外国人労働者は、日本の介護制度を救うための貴重な手段になるはずだ。

（注）２０２４年３月22日、厚生労働省の有識者検討会で、外国人人材の介護訪問サービスについて、今は認められていない在留資格「特定技能」の人も従事できることが大筋了承された。２０２５年度の実施が見込まれている。

第5章のまとめ

1．有料老人ホームが激増している。サービスも料金も千差万別だ。どのように判断したらよいのか？　広告は山ほどあるが、客観的な情報が少ない。

驚くほど高価な有料老人ホームが増えている。これほどの費用をかけないと、満足な介護サービスを受けられないのか？　しかし、実際には、要支援・要介護者のほとんどは、自宅に住み続けて介護保険のサービスを受けている。

2．老人ホームにはさまざまなものがある。どれを選んだらよいのか、あるいは在宅のままがよいのか？　これに関する基礎知識を、誰もが持っている必要がある。

3．有料老人ホームなどの施設に入るのは、病気で入院して退院後に要介護になった人や、認知症の人が多い。ただし、要介護3以上でも在宅の人は多い。十分な在宅サービスが得られるかどうかを知りたいが、情報は十分でない。

4．介護職の有効求人倍率は、全国で4．2、東京では7．95にもなっている。訪問介護では、15．5だ。こうなるのは、介護分野の賃金が低いからだ。引上げは行なわれているが、他の分野の賃上げに追いつかない。

5．介護分野の就労者が減少している。そうした中で、2024年には訪問介護の基本報酬が引き下げられた。これでは、訪問介護は崩壊してしまう。

６．外国人労働者は、介護部門の人手不足を解消する強力な手段のはずだが、日本はなぜ積極的な活用を進めないのか？

第６章　期待される医療技術の進歩

１．メディカル・イノベーションはどこまで進むか？

「老化」関連のトピックが重要

医療技術の進歩は、とくに高齢者にとって重要な意味を持つ。

文部科学省科学技術・学術政策研究所（ＮＩＳＴＥＰ）の、「第11回科学技術予測調査 S&T Foresight ２０１９ 総合報告書」において、将来見通しが示されている。

重要度が高いとされたのは「老化」、「脳科学」、「医療機器」に関するトピックであった。その中でも、「老化」関連のトピック（運動機能低下、アルツハイマー病等）が上位２位を占めている。これらは、超高齢社会における課題解決に直結した医療技術だ。

これらに加えて重要度が高いとされたのは、非侵襲診断機器や血液を用いる疾病の早期診断だ。これらは、患者の負担を軽減し、ＱＯＬ（生活の質）の向上を目指す医療技術だ。

日本の国際競争力が高いとされたのは、ｉＰＳ細胞等の幹細胞を用いる「再生・細胞医療」、「遺伝子治療」、「免疫系を基盤とする治療」に関するトピックだ。

科学技術的・社会的実現の見通しが相対的に遅いとされたのは、「脳科学」に関するトピックだ。なかでも、人間の高次精神機能における神経基盤の解明は、最も遅いとされた（社会的実現見通しは２０４１年）。

がんや認知症の早期診断など

全日本病院協会「病院のあり方に関する報告書」（２０２１年版）は、前記ＮＩＳＴＥＰの報告書にあるつぎの事項を、「医療イノベーション」として挙げている（第2章、４　医療イノベーション）。

① 血液による、がんや認知症の早期診断・病態モニタリング。
② がん、自己免疫疾患、アレルギー疾患に対する免疫系を基盤とした治療およびその効果予測。
③ 非感染性疾患に対する、統合的オミックス解析による病因・病態分類に基づく治療法。

④　老化に伴う運動機能低下の予防・治療法。
⑤　元気な高齢者の遺伝子解析と環境要因の分析による、疾患抑制機構・老化機構の解明。
⑥　代謝臓器連関を標的とした、生活習慣病、神経変性疾患の予防・治療法。
⑦　自閉スペクトラム症の脳病態に基づく、自律的な社会生活を可能とする治療・介入法。
⑧　アルツハイマー病等の神経変性疾患の発症前バイオマーカーに基づく、発症予防および治療に有効な疾患修飾療法。

超分散ホスピタルシステムや血液による、がんや認知症の早期診断など

令和2年版科学技術白書は、科学技術・学術政策研究所「第11回科学技術予測調査」を基に、未来技術についての予測を行なっている（第2章　2040年の未来予測―科学技術が広げる未来社会― Society 5.0）。

このなかから、医療に関連したものを取り出すと、つぎのようになる。

なお、各項目の最後に2つの数字が並んでいるが、これらの意味は、つぎのとおり。最初の数字は、科学技術的実現時期（所期の性能を得るなど技術的な環境が整う時期）、2番目の数字は、社会的実現時期（実現された技術が製品やサービス等として利用可能な状況となる時期）だ。

・特定の感染症への感染の有無や感染者の他者への感染性、未感染者の感受性を迅速に検知・判定する、汚染区域や航空機内等でも使用可能な超軽量センサー　2029　2031

・病変部位の迅速識別能力の向上と早期発見が可能となる、非侵襲診断機器のコンパクト化とAI導入　2026　2028

・遠隔で、認知症などの治療や介護が可能になる超分散ホスピタルシステム（自宅、クリニック、拠点病院との地域ネットワーク）　2028　2030

・高齢者や視覚障がい者が安心して自由に行動できる情報を提供するナビゲーションシステム　2025　2028

・運動や記憶、情報処理、自然治癒など、人の心身における各種能力を加速・サポートするための、センシング・情報処理・アクチュエーション機能が統合された超小型HMI（ヒューマン・マシン・インターフェイス）デバイス　2029　2032

・血液による、がんや認知症の早期診断・病態モニタリング　2027　2029

・3Dプリント技術を用いた再生組織・臓器の製造（バイオファブリケーション）　2031　2034

・全ての皮膚感覚の脳へのフィードバック機能を備えた義手　2032　2036
・ナノテクノロジーによる生体人工物界面制御の精密化に基づく、高機能インプラント機器やドラッグデリバリーシステム（DDS）技術を可能とする高度な生体適合性材料　2029　2032
・体内情報をモニタリングするウェアラブルデバイス　2028　2031

2050年までの医学技術の進歩

Life in 2050: A Glimpse at Medicine in the Future は、2050年までの医療技術の進歩を、つぎのように予測している。

(1) ビッグデータとパーソナライズドヘルスケア

ウェアラブル技術の爆発的な普及により、スマートフォンのアプリやフィットネストラッキングデバイスを用いて、人々は自分の心拍数、血圧、食習慣、消費カロリーの量、歩数などを測定することができる。

21世紀半ばまでに、この傾向は世界の大部分で標準となる。目覚めるとすぐに、健康診断が利用可能になる。問題があれば、直ちに医師に知らせるよう警告される。あるいは、自動的に医師に通知される。

（2）AI支援医療

AIが患者データを分析し、健康状態の兆候を探り、将来の病状を予測する。これにより、医療従事者は問題を事前に検出し、迅速かつ効率的に症例を診断できる。脳卒中や心筋梗塞などのリスクが高い人々のために、リアルタイム・モニタリングが可能になる。

AI支援研究は、新しい治療法や治療薬の開発につながる。新薬やワクチンの生産は多くの実験を伴うコストと時間がかかるプロセスだ。そのため、製薬会社は既に、薬の発見を助けるためにAIプラットフォームに目を向けている。

これらのプラットフォームが進歩するにつれて、開発プロセスは迅速になる。2050年以前にも、HIV、特定のがん、マラリアなどのワクチンが期待されている。

（3）寿命の延長

2019年時点で、世界の平均寿命は72.6歳で、1900年以来、2倍に増加している。2050年までには、人々の寿命が115歳以上になる可能性がある。

通常の老化過程では、線状染色体の末端にある反復核酸配列（テロメア）が時間と共に短くなる。これによって最終的に細胞の損傷と死（老化）および加齢関連疾患の発症が起こる。しかし、染色体にアクセス可能な小さいマシンがあれば、テロメアを定期的に延長して老化を遅らせ、人の寿命を延ばすことができる。

（４）ウェアラブルから「インターナル」へ

健康モニタリングは、組み込み電子機器（「インターナル」）が商業的に利用可能となるにつれて、飛躍的に進展する。これらは、心拍数、肝機能、腎機能、消化、呼吸、脳活動の不規則な兆候をモニタリングするため、直接に筋肉や臓器に移植可能な柔軟な電子パッチから構成される。

これらの装置は、必要に応じて薬を放出することもできる。これは、糖尿病や神経障害を患う患者にとって特に有益だ。内部センサーが定期的な健康モニタリングを提供し、薬物を投与することができるので、人々はこれまでにない方法で自らの医療をパーソナライズできる。

これらの装置は、病院においても、患者の生命徴候やバイオメトリクスなど、医師や看護師が知る必要のあるすべてを、ウェアラブルセンサーから直接患者モニタリングシステムへ無線で伝送する。

「インターナル」は、直径が約1×10^{-6}メートルの微小なロボットだ。

ナノ医学は、21世紀半ばまでに多くの形態を取る。ナノセンサーは、微小な無線／マイクロ波発信器と分光計を備えた小型機械だ。これらは体内に取り入れられ、使用者の血液や軟組織を、細菌、ウイルス、ＨＩＶ、がん細胞の兆候のためにスキャンする。

ナノ粒子はその潜在的な医療応用のために調査されており、今後数年間で薬物送達の主要手段となる可能性が高い。例えば、蜂毒を含むナノ粒子は、がん細胞やＨＩＶ細胞を非常に効果的に殺すことが証明されている一方で、周囲の組織には無害だ。

医療ナノ粒子は、化学療法や抗ウイルス薬の典型的な有害な副作用なしに、致死的な病気を治療することができる。一方、ナノロボットは、血管内に導入され、動脈のプラークや閉塞を除去し、循環を改善し、潰瘍《かいよう》、動脈瘤《りゅう》、その他の健康問題を修復する。

（5）バーチャル診察

21世紀半ばまでには、医師と患者が直接会う必要さえなくなる可能性がある。「テレコンサルテーション」は、定期的な診察を置き換える。

自宅のセンサーやウェアラブルなどを使用して、患者は自分の医療データを医師に送信することができる。医師はそれを解釈し、医療アドバイスを返送する。

患者はもはや肉体を持つ医師からの助言を全く必要としないかもしれない。多くの人々が、自分の症状に基づいて、人工知能に自分の健康情報を委《ゆだ》ねることを選ぶかもしれない。ロボティクス、感覚フィードバック（いわゆるハプティクス）、および仮想現実の進歩により、医師は世界の離れた場所にいる患者に対して手術を行うこともできるようになる。

（6）ロボティクスとバイオニクス

ロボティクスとバイオニクスの進歩もまた、医療革新の最前線に立つ。既に、ロボティック外骨格は、怪我からの回復や部分的麻痺《まひ》の対処に役立っている。２０５０年には、外骨格が、より軽く、小さく、柔軟な材料で作られるだろう。

これらは、重大な事故や怪我から回復している患者にとって重要だ。例えば、視力喪失を経験した患者のための眼球インプラントが利用可能となり、回復された視力を提供する一方で、人工内耳や耳骨は聴力喪失を矯正することができる。

筋肉を刺激するための光パルスに依存するオプトジェネティック・スティミュレーターは、これまでは数年にわたる手術、理学療法、痛み止め薬が必要とされた軟部組織損傷を治療することができる。

もう一つの大きな革新は、神経インプラントであり、これは21世紀半ばまでに一般的になる。脳から機械へ、脳から脳へのインターフェイシングを可能にすることに加えて、柔軟なインプラントは、脳損傷や神経疾患を治療するためにも使用されるだろう。

また、電子技術が生物学を模倣して人間の能力を高める。人工臓器や代替肢などの医療応用が、2050年までに一般的になる。

近年、電極を使用してユーザーの神経チャネルに接続し、自分の腕や足のように四肢を制御できる義肢が商業的に入手可能となっている。さらに、特定の神経を刺激する電極を使用して感覚フィードバックを提供できる義肢も存在する。2050年までに、これらの進歩は、少なくとも外見上は本物と区別がつかないバイオニック強化の開発に結実するかもしれない。

（7）遺伝子編集とバイオプリンティング

ゲノム編集により、DNAの構造自体を変更して配列を除去または追加できるようになった。

今後、「ドラッグ・アンド・ドロップ」の遺伝子工学により、多くの遺伝性疾患の排除が実現されるだろう。視力や聴力の喪失を回復し、アルツハイマー病、パーキンソン病、麻痺などの病状や退行性疾患を治療できる遺伝子療法が、商業的に利用可能になると予測されている。

他の治療オプションとして、幹細胞療法がある。組織療法を提供する幹細胞薬局が、２０３０年代初頭には先進国で商業的に利用可能になり、再生可能な体の部位や臓器の再生、能力の回復のための手頃な価格のパーソナライズされたターゲット治療を提供することが期待されている。

幹細胞の利用可能性の増加は、バイオプリンティングに関しても大きな意味を持つ。３Ｄプリンティング（積層製造）の医療応用として、バイオプリンティングは幹細胞を使用して代替皮膚、骨、臓器、代替体の部位などの生物学的材料を製造する。

人々はクリニックや病院に歩いて入り、ＤＮＡサンプルを提供し、自分のゲノムに基づいた幹細胞の培養を短時間で準備できる。これらの幹細胞は、新しい腎臓、皮膚移植、または新しい血管など、人が必要とするものを製造するために使用される。

2．日本でもオンライン医療は進むか？

日本で進まない医療のオンライン化

従来の健康保険証を廃止してマイナ保険証に切り替える前に、やるべきことがたくさんある。リモート医療の促進はその最たるものだ。

新型コロナの感染拡大期には、人と人との接触をできるだけ避けるべきだったため、世界中でリモート医療の普及が急速に進んだ。ところが、日本ではほとんど増えなかった。

そのため、例えば、何年も前から続けている薬をもらうのに、2ヶ月に1度は病院まで足を運んで処方箋《せん》を書いてもらわなければならない。全く無駄なことだと思わざるを得ない。

2022年4月からは「リフィル処方箋」が始まった。これは、症状が安定している患者の場合、医師が可能と判断した場合に、処方箋の「リフィル可」欄にレ点を記入して発行される処方箋だ。1枚の処方箋を3回まで利用できる。ただし、まだ利用は進んでいないようだ。

オンライン医療は、医療上のさまざまな問題を解決する重要な手段であるはずだ。オンライン化は、医療機関の間でのものと、在宅のものがある。前者の例として、集中管理室のオンライン化やデジタルツインがある。こうしたことは、日本でも進むだろう。

在宅医療についても、技術は大きく進歩している。メタバースにおける遠隔医療も技術的には可能だ。

世界では、在宅医療がコロナ期に大きく進展した。しかし、日本では、医師会の反対で進まない。こうした状況をなんとか打破できないものだろうか？

もっとも、積極的に取り組んでいる病院もある。待ち時間がなく、薬も郵送で受け取れる診療スタイルで患者の医療体験向上を実現させている病院もある。

３．今後の医療需給

医療部門での増加率は、さほど高くない

内閣官房、内閣府、財務省、厚生労働省が２０１８年に取りまとめた「２０４０年を見据えた社会保障の将来見通し（議論の素材）」によると、２０２５年と２０４０年における就業者の増加は、以下のとおりだ（単位万人、計画ベース）。

・医療：３２２から　３２８　へ（１．９％の増加）
・介護：４０６から　５０５　へ（24．４％の増加）

このように、介護部門では大幅な増加が見込まれるのに対して、医療部門での増加率は、さほど高くない。

今後の日本では、高齢者人口の増加が顕著だ。このため、介護サービスに対する需要が急増し、それに対応するために就業者が増加しなければならない。

ところが、医療の場合、サービスの需要者は高齢者だけではない。今後の日本では人口総数が減少するので、医療サービスの需要者総数はあまり増えず、したがって、医療関係の就

業者数も、顕著には増えないのである。

なお、給付費の見通しは、以下のとおりだ（単位％、計画ベース）。

・医療：47.8から66.7へ（39.5％の増加）

・介護：15.3から25.8へ（68.6％の増加）

このように、増加率における医療と介護の差は、就業者数の場合ほど大きくはない。これは、医療サービスの高度化に伴って単価が上昇するからだろうと推察される。

急性期医療から慢性期医療へ

「病院のあり方に関する報告書」は、２０４０年頃を想定した医療のあり方について、経済問題を含めて広範な議論を展開しており、参考になる。同報告書は、「第３章　２０４０年における理想的な医療介護提供体制、2. 急性期から慢性期医療、3. 在宅医療と居宅介護」において、つぎのように論じている。

・多くの地域で、外来・入院者は減っている。外来・入院受療率は、高齢化の進展で増えるはずなのに、人口の増減に一致している。

・２０４０年頃に想定される疾病は、嚥下《えんげ》性肺炎、虚血性心疾患、脳卒中、骨粗鬆症《こつそしょうしょう》に伴う骨折等が中心。したがって、在宅医療・居宅介護が必要。

・この前提として、対象者が独居者の場合はある程度の身体機能を有すること、または、支援する家族の同居・存在が必須。
・しかし、同居家族は、産業維持のために必要な人材である可能性が高く、介護者としての役割を期待することには慎重であるべきだ。
・したがって、医療・介護提供に重点を置いたコンパクトシティー化による効率的ケア提供を行なう医療技術の進歩は、とくに高齢者にとって重要な意味を持つ。在宅医療・居宅介護から、施設での医療・介護に転換する必要がある。
・都市部においては、一般病院での加療終了後、在宅医療となることが多くなっている。病院が主体となり在宅医療まで担う「地域循環型」医療を推進することが望まれる。

第６章のまとめ

1．医療技術の進歩は、とくに高齢者にとって重要な意味を持つ。これについてさまざまな予測がなされている。
「老化」関連のトピック、ｉＰＳ細胞等の幹細胞を用いる「再生・細胞医療」、「遺伝子治療」、「免疫系を基盤とする治療」、がんや認知症の早期診断などでの進歩が期待される。

2．オンライン診療は重要だが、日本ではなかなか進まない。
3．2040年の医療需給を見ると、医療関係者は、介護関係者ほどは増加しない。急性期医療から慢性期医療への転換が進む。

第7章　高齢者の負担増が進む

1．介護保険、医療保険で負担増

医療保険の自己負担拡大と保険料引き上げ

後期高齢者医療制度は、75歳以上の人全員が加入する制度だ。これまでは、自己負担割合は原則1割、所得の多い世帯は3割だった。

これが改正され、2022年10月からは、1割負担だった人のうち、一定以上の所得がある人の自己負担割合が2割となった。後期高齢者医療制度の被保険者の約20%が変更対象となった。所得の多い世帯は引き続き3割なので、結局3段階の区分になった。

さらに、2023年5月に健康保険制度が改正され、後期高齢者医療制度の年間保険料が、2024・2025年度の2年をかけて、全体平均で、年約5、200円引き上げられる。

この措置は、医療費が増加する中で、国の財政負担を軽減し、医療制度の持続可能性を維持するための措置の一環であるとされた。

介護保険の保険料引上げ

２０２３年11月の社会保障審議会の介護保険部会で、介護保険料の引き上げ案が示された。65歳以上の高齢者について、年間所得水準が高い人たちの介護保険料を引き上げる案が了承された。これにしたがって、介護保険では、65歳以上の介護保険料が、２０２４年度から引上げられた。

保険料引き上げの詳細は、つぎのとおりだ。

まず、介護保険サービスにかかる費用は、つぎのように賄われている。費用のうち1～3割は、利用者が利用料として払う。残りは、40歳以上が支払う保険料と税で半分ずつ負担する。

介護保険料は、65歳以上の第1号被保険者と、40～64歳の第2号被保険者で仕組みが分かれる。実際の保険料は、国の方針に従って、市区町村が3年ごとに条例を定め、決めている。このため、金額は自治体ごとに異なる。

２０２４年４月の介護保険料改定では、所得の多い高齢者の保険料を引き上げ、逆に低所得の高齢者の保険料を下げる。

65歳以上の保険料について、これまでは所得に応じて９段階に分かれていた国の標準区分を変更し、13段階に増やした。これまで最も高い所得区分で、基準額の１．７倍だったのが、最大２．４倍に引き上げられた。

介護保険料の伸びが主要74市区の中で最も高かった大阪市では、もともと基準額は８０９４円と、全国平均の６０１４円を大きく上回っていた。２０２４年４月からはさらに月１１５５円増え、９２４９円となった[注]。

介護保険の総費用は、介護保険制度が始まった２０００年度は、約３．６兆円だったが、20年余りで約３倍に増加した。

65歳以上の介護保険料は、２０００～02年度には、全国平均で月２９１１円（基準額）だった。しかし、21～23年度は６０１４円。この間に倍増したことになる。

（注）朝日新聞、介護保険料、右肩上がり　サービス利用者多く、大幅引き上げ　軽減の自治体も、積み立て取り崩し、２０２４年４月10日

自己負担2割の拡大が見通せない

介護保険制度は介護費のすべてを給付するのでなく、自己負担がある。自己負担の仕組みは、サービスの種類や本人の所得などによって決まるきわめて複雑なものになっているが、基本はつぎのとおりだ。

自己負担率は基本1割だが、所得が多くなれば、2割・3割負担になる。所得が多く、介護費用が多額であれば、自己負担額もかなり高くなる（ただし、「高額介護サービス費における負担限度額」の制度があるため、無制限に増えるわけではない）。

今後の焦点になるのが、介護保険の利用料を2割負担する人の対象拡大だ。

政府は、2024年度に介護サービス利用費の2割自己負担者の対象を広げる方針を示し、少子化対策の財源確保に向けた社会保障改革の計画「改革工程」の素案に盛り込んだ。

改革工程は、2023年12月5日の経済財政諮問会議で示された。28年度までに金融所得や資産を考慮した負担のあり方を検討することも盛り込んだ。しかし、2割負担の対象拡大は強い反発を受けた。この問題については、引き続き検討が行われることになる。

政府は新たな期限として、「27年度の前」までに結論を得るとするが、合意形成がどこまで進むか、先行きは見通せない。

保険料引き上げだけでなく、負担公平化が必要

介護保険料の引上げは、サービス確保のために必要なことなのだから、多くの人の理解を得られるだろう。少子化対策のために健康保険料に上乗せすることが行なわれたし、リスキリングのために雇用保険料の一部を使うということも提案されているが、そのような目的外の負担増ではなく、将来の介護を確実にするための負担だからだ。

ただ、単に負担を増加させるだけでなく、利用者負担率も見直す必要があるだろう。さらに、効率化による介護費用の抑制も必要だ。

もうひとつ重要なのは、「所得」の範囲の適正化だ。現状では、「所得」という場合に、金融資産からの所得は（分離課税を選択した場合には）除外されてしまう。だから、所得の種類によって不公平が生じる。こうした不公平をなくすために、金融資産所得の総合課税化が不可欠の課題だ。これは、介護保険料に限った問題ではないが、今後、高齢化の進展に伴ってさまざまな公的負担の引き上げが不可欠となるので、重要なことだ。この問題について、以下に論じることとしよう。

2. 「全世代型社会保障」

高齢者にも負担を求める

少子化で現役世代が減る中で、高齢者に一定の負担を求めることは、社会保障制度を維持するために必要なことだ。これまでの「給付は高齢者、負担は現役世代」という仕組みを改め、年齢にかかわらず経済力に応じた負担を徹底する必要がある。そして、現役世代の負担軽減を目指す。

これは、「全世代型社会保障」の考えだ。

政府は、2019年9月に全世代型社会保障検討会議を設置し、社会保障全般にわたる持続可能な改革を検討してきた。会議は、2019年12月に第1回の中間報告を行なった。また、2020年6月に第2回の中間報告を行い、2020年12月に、全世代型社会保障改革の方針を閣議決定した。

後期高齢者の本人負担引き上げは、2019年12月に政府の全世代型社会保障検討会議がまとめた中間報告で打ち出された。社会保障制度を将来にわたり維持していくためには、高齢者にも経済力に見合った負担をしてもらう必要があるとの考えだ。20年12月に公表された最終報告でも柱の一つに据えられた。

なお、医療・介護で3割を自己負担する「現役並み」の所得がある高齢者の対象拡大の検討を掲げた。

負担の基準として資産を重視

これまで社会保険料の負担は、フローの所得を基準として算定されてきた。

しかし、負担能力は、保有資産の多寡によっても大きく異なる。国会審議でも、収入だけで負担能力を判断することを問題視する声があり、金融資産なども含めた負担のあり方などが今後の検討課題とされていた。

また、所得への課税は、高齢者が働くことに対するインセンティブをくじくことになる。特に高齢者の所得は給与所得でなく、雑所得などの形態を取る場合が多い。こうした場合には、給与所得控除の恩典がなくなってしまう。こうした状態で社会保険料を増額されるのは、大きな問題だ。

政府が2023年12月5日に公表した社会保障改革の工程の素案には、金融資産や所得を加味して高齢者の負担を検討すべしとする項目が盛り込まれた。

そして、年金などの収入が少なくても、多額の資産を持つ高齢者に一定の負担を求めるとした。

高齢者は現役世代と比べて所得水準は低いが、保有資産は現役世代より多い場合が多い。実際、総務省の資料によれば、世帯主が70代の金融資産残高は平均で1700万円ほどあるが、30代は3分の1以下だ。

ところが、現在は介護保険の一部を除いて、負担能力の判断に資産額は考慮されていない。そこで、資産を多く保有する高齢者の医療費の自己負担を2割や3割に上げるかどうかなどが検討課題になっている。

金融資産所得を社会保険料算定に反映させる

現在の日本の税制では、金融資産からの所得（預金利子、株式の配当、株式の売却益など）について、分離課税を選択することができる。その場合には、20．315%の税率が課されるだけで済む。累進税率が適用されないので、負担が軽減される。

しかも、国民健康保険（国保）の加入者の医療保険料や介護保険料や、後期高齢者医療制度の保険料を計算する際、確定申告をしていれば保険料に反映されるが、していなければ算定対象にならない。

この問題は、国会でも「不公平」と指摘されてきた。政府は、2023年末に閣議決定した社会保障の改革工程に、金融所得や預金など金融資産の負担への反映について２０２８年度までに実施を検討する項目を盛り込んだ。

自民党は、医療や介護の保険料の算定に、株式配当などの金融所得を反映する仕組みの徹底に向けた議論を行なうプロジェクトチーム（ＰＴ）の初会合を、２０２４年4月25日に開いた。厚生労働省は、２０２４年6月18日に開かれた自民党のプロジェクトチームの会合で、70代後半で金融所得50万円を含む年収３２０万円の単身者の場合、確定申告すると保険料が月５５００円程度高くなり、介護保険の窓口負担も1割から2割に引き上がるとした[注]。

この試算は重要だ。年収が３２０万円で保険料が年6万６０００円高くなるというのだから、年収が数千万円になれば、保険料は年１００万円以上になるだろう。巨額の金融資産を持っている人が総合課税されれば、この程度の負担増が生じるのだ。ところが、現在の制度では、その負担を免れている。この問題は、決して軽視できるものではない。

ただし、政府内でも金融所得への課税強化に対して慎重な意見があり、社会保険料の算定に金融所得を反映させることは、簡単には実現しそうにない。

しかも、検討されているのは、申告と分離課税の差だ。より基本的には、労働所得の場合の負担と金融資産からの所得の扱いの差が問題とされなければなるまい。

しかし、政府は、新ＮＩＳＡによる資産所得非課税制度を進めている。そうした立場からいうと、金融資産所得に負担を求めるという方向は、取りにくいだろう。だが、次節で述べるように、これは、重大な問題なのである。

(注) 自民検討の保険料算定に金融所得反映 〝ＮＩＳＡは対象外〟 厚労省、２０２４年6月19日、ＮＨＫ

3. 本来は、資産所得が介護財源になるべきだ

伝統的社会での介護は、家族内移転だった

介護保険の本来の構造がいかなるものであるべきかを考えるため、まず伝統的社会が介護にどのように対処していたかを、様式化した形で見ておこう。

伝統的社会においては、家族メンバーに要介護者が発生した場合、家庭内で子供が世話をすることが普通だった。そして、介護サービスの「対価」に相当するものを、子供は相続という形で受けた。

つまり、これは、家族内の相互扶助であり、それに対応した資産移転であったと解釈できる。ただし、介護に要する費用はその家族が負担しているのであるから、その費用だけ、遺

産が減ることになる。

ところが、本書の序章で見たように、現代社会においては、核家族化が進行した。このため、介護を家族メンバーの相互扶助という形では行えなくなった。それに加えて、平均余命の延長と少子化が、家庭内介護を困難にした。こうした変化に対応するため、介護保険制度が作られた。つまり、介護が「社会化」されたことになる。

資産保有を考慮する必要

介護が介護保険制度によって行なわれる社会では、介護が発生しても、それに必要とされる費用の大部分は、介護保険によって給付される。とくに重度の介護の場合にはそうだ。

前節で見たように、日本の介護保険制度では、保有資産額によって介護サービスが影響されることはない。したがって、多額の資産を持つ人でも、介護保険の給付を受けることができる。したがって、保有している資産を介護に使わなくてすむ。そしてそれらの資産は相続される。だから、子供が相続できる額は、伝統的な社会におけるよりも、介護費用分だけ増えることになる。

他方において、介護保険制度においては、若年者が負担のかなりを負う。したがって、従来の伝統的な社会に比べて、若年者の資産蓄積が少なくなる。

こうした問題に対処するため、本来は、介護保険の給付に当たって資産制約を課すべきだ。つまり、多額の資産を保有する人には、介護保険の給付を制限し、その分を、保有する資産を処分することによって賄うべきだ。

ただし、現実にこれを実施するのは、著しく難しい。高額資産保有者からの強い政治的な反対が生じるだろう。また、実務的な点での問題も大きい。現在の制度で、要介護者の資産(とくに金融資産)の保有額を正確に把握するのは、不可能に近いからだ。

高齢化社会の税制は資産課税を中心とすべきだ

そこで、税制を活用することが考えられる。つまり、資産課税を強化し、それを介護保険の財源として用いるのである。

一般には、消費税を社会保障の財源にすべきだとする考えが強い。しかし、消費税が高齢化社会の財源として合理的なものだという理由はない。これは、単に課税の容易性に基づく判断であり、これまで述べたような事情を考えた場合には、問題が多いものだ。

すでに見たように、日本の税制では、金融資産は分離課税の選択が可能であり、課税が不十分だ。不動産は、相続の際には課税されるが、保有に対する固定資産税は、負担がさほど重くない。本来は高齢化社会の進展に対応してこれらの負担を増すべきだが、現実にはそうなっていないのである。

現実にはむしろ逆であり、新NISAのような金融資産非課税制度が拡充されている。つまり、本来行われるべき資産所得課税強化と逆方向の施策が行われているのである。

流動性の問題をどう解決するか?

ただし、資産課税強化を実行しようとすると、資産の流動性が十分でないという問題が生じる。この問題は、とくに不動産について顕著だ。多額の不動産を所有していても、居住用資産である場合には現金の収入をもたらさないからだ。高齢者家計の多くは現金の収入を持たないので、負担を求められても払えない場合が多い。

これに対処するには、つぎの2つの方法があり得る。

第1は、相続税において調整することである。

すなわち、現金収入が不十分で保険料や自己負担を支払えない場合には、それに相当する額を、介護保険からの貸し付けとするのである。そして、不動産の相続時において、貸し付けの元利合計額に相当する額を相続税に上乗せして徴収する。

こうすれば、多額の不動産を保有する家計は、そうでない家計に比べてより多くの自己負担を負うことが可能になる。

この方式を取る場合には、介護保険制度と相続税制度との連携が必要になる。もともと税と社会保障制度は密接な関連があるので、両者の一体的な運営が必要になるのは、当然のことだ。

しかし、現実の世界では、税を所轄する官庁と社会保障を所轄する官庁は別であるため、このような連携作業がなかなか行いにくい。したがって、この方式は本来は望ましいものなのだが、現実に実行するのは難しいことは認めざるをえない。少なくとも、現在の制度のままで円滑に実行できるようなものではない。

リバースモーゲッジやハウス・リースバックは、ストックをフローに転換する

第2の方法は、リバースモーゲッジを活用することだ[注]。

「リバースモーゲッジ」とは、保有する不動産を担保にして、一定額を金融機関から借り入れる仕組みだ。なお、契約期間中は、担保になっている自宅に住み続けることができる。

通常の住宅ローンでは、最初に借り入れ、その後元本を徐々に返済していく。したがって、時間の経過と共に借入残高が減少していく。それに対して、リバースモーゲッジの仕組みでは、時間の経過と共に借入金残高が徐々に増えていくことになる。

そして、契約終了時（契約の満期または契約者死亡時）に、借入を一括返済する。ただし、

通常は現金で返済するのではなく、担保物件を競売にかけて返済に充当する。

これは、不動産という流動性の乏しい資産に流動性を与えるための仕組みだと解釈することができる。つまり、ストックをフローに転換するための仕組みである。

なお、リバースモーゲッジと実質的に同じサービスとして、「ハウス・リースバック」がある。これは、売却した家に、家賃を払って住み続ける制度だ。

日本では、高度成長期において、銀行の住宅ローンを拡大し、また、公的金融機関として住宅金融公庫を作って住宅貸付を行ない、住宅建設を促進した。これは、「所得」（とくに賃金所得）というフローを住宅というストックに転換するための仕組みである。この時代においては、フローを担保にしてストックを供給する必要があったのだ。

これに対して高齢化社会においては、ストックを担保にしてフローを供給する仕組みが必要になる。このため、以上で述べたような仕組みが必要になるのだ。

リバースモーゲッジやハウス・リースバックのサービスは現実に提供されているものだが、十分なサービスが適切に提供されているとは言いがたい。高齢化社会において果たしうる機能の重要性を考えれば、公的主体によるサービスの拡充なども考えられるべきだろう。

（注）日本では、「リバースモーゲージ」と表記されるが、この音写は誤りだ。

第7章のまとめ

1．医療保険、介護保険で、保険料や自己負担率の引き上げが行われ、高齢者の負担が増加している。

2．これは、高齢者も社会保険の負担を受け持つべきだとする「全世代型社会保障」の考えに沿った制度改正だ。

社会保険料の算定や自己負担率の決定に、資産保有の状況を勘案すべきだとする検討が始まっている。

3．伝統的な社会では介護は家族内の相互扶助だったが、いま介護は社会化された。このような社会では、資産が介護保険の財源となるべきだ。

それを可能とするために、介護保険と相続税の連携、リバースモーゲッジやハウス・リースバックの拡充などの制度改革が必要とされる。

第8章　終末格差を克服するのは、自分への投資

1．いつまでも働ける社会が来た

高齢者の経験こそが重要

２０２４年のアメリカ大統領選で、バイデン氏は、加齢による能力低下を指摘され、選挙選の途中で撤退した。世代交代は望ましいことと思う。

ただし、高齢者と呼ばれる身になっている者の立場からすると、複雑な気持ちもある。高齢者はどんな仕事からも退くほうがよいというわけではないからだ。

一般的にいえば、肉体的な能力や健康の面で高齢者がハンディキャップを抱えており、そのため、若者に比べて仕事の範囲や量が制限されることは避けられない。しかし、どんな職務でも、高齢者になれば仕事ができなくなるというわけではない。やり方によっては、高齢

者でも新しい働き方を見出していくことが可能だ。それだけではない。高齢者のほうがより良くできるという仕事も多くある。以下では、このような観点からの可能性を考えることにしよう。

大統領職は激務であるため、健康条件がとりわけ重要であることは間違いない。しかし、あらゆる点で年齢がマイナス要因ということにはならない。政治には経験が必要であり、高齢者の方が豊富な経験を持っているという考えはあり得る。

実際、1984年のアメリカ大統領選で、レーガン大統領（当時）が73歳で再選に挑んだ時、高齢という批判が出たのだが、レーガン氏は「政治家には豊富な経験が必要」と主張し、見事に歴史的な大勝利を収めた。「高齢者の経験こそが重要だ」と指摘したという意味で、これは特筆すべき事件だった。

もちろん、経験が重要という論理を振りかざして、老人がいつまでも居座ることは問題だ。組織のトップや政治家について、とりわけそのことが言える。権力者が固定化すれば、組織や社会は沈滞化する。権力者だけのことではない。第3章で述べたように、会社が退職を強要できないので、「オフィスに出てくるだけの社員」、「働いているふりをしているだけの社員」が増えていることも否定できない。これも日本の活力を奪うことになる。したがって、世代間戦争ではなく、世代交代が円滑に行われるような体制をどのようにして作っていくかが、これからの課題だ。

人生100年時代の働き方

これまでの社会では、「一定の年齢になれば会社を退職し、老後生活を送る」というのが普通のことだった。しかし、医学の進歩や生活条件の改善によって、健康寿命が延びた。だから、働ける時間が飛躍的に延びた。

リンダ・グラットンとアンドリュー・スコットは、著書『LIFE SHIFT―100年時代の人生戦略』（東洋経済新報社、2016年）で、人々がより長く働く時代において、個人や教育機関、そして企業が、どのように対応すべきかを論じている。

彼らは、ハイブリッドワークやリモートワークの増加による柔軟な働き方の重要性を強調し、具体的な戦略を提示している。この提案には、ビジネスを再考し、創造的なアプローチを模索し、組織内で新しいプロセスをモデル化してテストすることが含まれている。

「ハイブリッドワーク」とは、オフィスと自宅、または他の場所での仕事を組み合わせた仕事の進め方だ。これによって、地理的にも時間の面でも、柔軟性を実現できる。グラットンらは、この働き方が生産性や従業員の満足度を向上させるとしている。

また、AI（人工知能）の発展によって多くの仕事が自動化される中で、人間特有の「ソフトスキル」がより大きな価値を持つようになるとしている。

リモートで仕事ができるようになった

最近に生じた大きな変化として、Ｚｏｏｍなどのリモート会議の広がりがある。直接に会わなくても、会うのとほとんど同じように会話を進められるようになった。こうした仕組みを使えば、わざわざ出かけなくても在宅のままで仕事を続けることができる。

これはコロナによって促進された面がある。技術的にはそれまでも可能だったのだが、コロナ感染を防ぐために役立つことから、人々がリモートによる仕事を認めるようになったのだ。重要なのは、相手がこの方式を認めてくれることだ。技術的に可能であっても、相手が認めてくれなければ、実際に使うことはできない。人々の認識が変わったことの意味は極めて大きい。

日本の場合、とくに大都会での通勤事情は劣悪なので、これを回避して仕事ができるようになったことは、高齢者の就労にとって大きな意味を持っている。

私はこの変化の恩恵を最大限に受けている1人だと思う。

第1に、移動に必要とされる時間の無駄がなくなった。

第2に、移動のリスクがなくなった。特に猛暑や悪天候の中を移動しなくても済むのは大変ありがたい。また、高齢者の場合、移動先で体調を崩す危険は無視できない。それを避けられる効果は大きい。

第3の大きな変化は、事務所設置の必要がなくなったことだ。これまでは、会社から独立した場合には自分で事務所を用意する必要があり、それが経済的にも大きな負担になっていた。そうした負担がなくなったことの意味も大きい。こうして、これまでは、会社を離れると就労が不可能になった人々も、リモートワークによって仕事を続けられる可能性が大きく広がった。

私は、様々なことに用いている。第1は打ち合わせ、第2は、企画などのブレインストーミング。第3は、取材やインタビューへの対応。そして講演においても、リモート方式を認めてくれる場合が多くなってきた。

このように大きな変化が起きているのだが、中には、こうした変化を認めようとしない人もいる。「リモートは直接会うことの安上がりの代用物だ」と考えている人がいるのだ。そして、直接に会うことが望ましいと考えている。

直接に会うほうが多くのインフォメーションを交換できることは事実なのだが、重要なのは、直接に会うために、多大のコストをかけていることだ。こうしたコストをかけてまで会う必要があるかどうかは、自明ではない。改めて冷静に考えてみれば、これまで行なってきた多くの直接面談は、それだけのコストをかけてまでする必要がないものだったのだ。惰性から脱却することが必要だ。

企業に依存せずに働き、社会とのつながりを維持する

現在の日本では、企業に雇用されて給与所得を得るという働き方が多い。多くの人は、学校を卒業して会社に就職すると、一生を保証されたような気分になる。しかし、その後経済情勢の変化によって会社が没落したという例はいくらでもある。だから、会社に依存しすぎてはいけない。自分の価値が社会に認められるようにすることが、これからの日本では、とくに重要なことだ。

第3章で述べたように、従来のような形態での就労をいつまでも続けるのは難しい。65歳までの雇用を企業に義務付ける「高年齢者雇用安定法」のため、65歳までの勤務は可能な場合が多いが、雇用条件は悪くなる。65歳以上になると、それまでの会社で継続して勤務するのは、かなり難しい。

したがって、それ以上の年齢の場合には、企業に雇用されるのではなく、フリーランサーとして独立して働くことが望ましいだろう。具体的にどのような仕事をするかは、さまざまな条件に依存し、個人によって事情が大きく異なる。公的な資格を持っている場合には、仕

事を得やすいだろう。ただし、そうした資格がなくても、仕事を得られる可能性はある。インターネットを通じて仕事を見出せる可能性もある。また、地方公共団体が、高齢者向けの仕事を斡旋《あっせん》してくれる場合もある。

しかし、最も重要なのは、自分が作った人脈だ。それは、会社の中の人脈、あるいは会社の仕事のための人脈とは違う人脈だろう。若い時からそうした人脈を培ってきた人は、大変貴重な資産を持っていることになる。

働くことで所得が得られるのは重要だが、働く意味はそれだけではない。まず第１に仕事をすれば、さまざまな面で関係者とのつながりを維持することが必要になる。だから、社会とのつながりを維持できる。

また、仕事を仕上げる責任を負うことになるので、緊張感がある。そして、仕事をやり遂げたときの達成感もある。つながりや、緊張感、達成感などを重視することにしよう。こうして仕事を続けていくことができれば、それは認知症予防にも役立つだろう。

若い時から勉強を続けて、働ける能力を維持することが重要だ。さらに、リスキリングによって、新しい仕事ができる能力を身につけ、いつまでも続けられる仕事を見出す。人的資産を維持することは、投資で金融資産を増やそうとするのより、ずっと確実な老後対策だ。これは、株式投資とは違って、運に左右されることがない。

いつまでも仕事を続けられる準備を、若いときからすることが重要だ。それによって、豊かな老後生活を築くことができる。

終末格差を克服するための最も確実な方法は、自分自身に投資することなのである。

2. 情報処理技術の進展は、働く高齢者の味方

健康寿命の延伸だけでない

高齢者が働く可能性が増えた第1の理由は、グラットンとスコットも指摘しているとおり、高齢者の肉体的能力が向上したことだ。医学の進歩によって、健康で活動を続けられる期間が長くなった。60歳になったら仕事を辞めて隠居生活に入るなどというのは、遥《はる》か昔の話になった。

これは、しばしば指摘されることだ。そして多くの人がそのことを認識している。ただし、高齢者の活動可能性を拡大している要因は、これだけではない。もう一つの重要な変化は、情報処理技術の進歩だ。

本章の1で述べたリモートワークは、その一つの例だが、それだけではない。この半世紀の間に、世界の構造は根底から変わったのだ。

情報処理技術の大きな変化の時代を生きてきた

振り返ってみると、我々の世代は情報処理技術の大きな変化の時代を生きてきた。50年前には、原稿用紙に向かって、１文字ずつペンを用いて原稿を書いていた。今となっては、よくそんなことができたと感心する他はない。推敲《すいこう》する場合、原稿用紙に書いたものを修正することもできるが、修正が多くなれば読めなくなってしまう。だから、新しく書き直す必要がある。大変な努力をしたものだ。よくこんなことができたものだと、感心してしまう。

データや資料も、すべて印刷物によってしか得られなかった。経済データなどについても、統計月報の類《たぐい》を見てデータを拾っていくしか方法がなかった。

それらのデータを加工するための手段は、極めて限られていた。計算手段としては、そろばん、計算尺、それに手回し計算機しかなかったのである。掛け算や割り算は対数表を用いて行っていた。だから、データを加工してそこから新しい事実を引き出していく作業は、途方もない労力を要したのである。

私たちの世代が社会に出て仕事を始めたのは、長く続いたこのような仕事のスタイルが、大きく変化し始めた時代だった。

まず、官庁や大企業などの大組織における情報処理の仕組みが変化し始めた。それまでは、会議資料などはガリ版印刷で作っていたのだが、ゼロックス印刷機が登場して簡単にコピーができるようになった。中央官庁では、各局ごとに和文タイピストが何人もいたが、その仕事が急速に消滅した（ただし、彼女たちは失職したのでなく、一般事務職員になった）。

暫《しばら》くすると、電卓が登場して、計算の能率が顕著に向上した。このような変化が起きた過程を、私は様々な具体的な例としてよく覚えている。

この頃、大組織では、大型計算機も利用可能になった。しかし、一般の人々がそれを利用するようなことにはならなかった。大学でも、利用できる者はごく限られており、しかも、コンピューターセンターで順番を待って計算していた。計算結果は大きなプリントで出てくるので、研究室はそれで一杯になってしまった。

１９８０年代になると、個人個人が持つＰＣ（パソコン）が利用できるようになった。さらにインターネットが利用できるようになり、世界中の主要な地域に、ほとんどゼロのコストで通信できるようになった。

サービス産業の生産性が際立って上昇した

前項で見た変化は、高齢者の就労にどのような影響を与えただろうか？　それを知るには、技術革新が産業構造に与えた影響を知る必要がある。

技術革新は、経済活動の様々な分野で生じた。しかしどの分野でも一様に生じたわけではない。これまで見たような情報処理分野における技術進歩が突出していた。とくに、ＩＴ化、デジタル化によって生産性が著しく上昇した。

ものづくりにおける技術進歩もあったが、情報処理分野ほどの著しい進歩ではなかった。また第一次産業における技術革新はごく緩やかなものでしかなかった。

この結果、産業によって成長率が大きく異なることになった。過去半世紀にわたって、世界の多くの国で共通に進行した顕著な現象は、第一次産業の比率が低下し、サービス産業の比率が上昇したことだ。これは、技術進歩にバイアスがあったことによって生じたものだ。デジタル技術は様々な産業の生産性を引き上げるが、とくにサービス産業の生産性を引き上げる効果が強かった。

これは、産業分類に対する我々の従来の概念に変更を迫っている。その典型が「ファブレス」だ。これは「工場のない製造業」という意味だ。これが特に進展したのが、半導体の分野である。それまでは、半導体のメーカーが設計をし、かつ製造してきた。日本のかつての半導体企業がそうであったし、現在では、インテルがそのような生産法を継続している。

これに対して、半導体生産過程の中で、サービス産業的な部分を切り離して独立の企業で行なうというのがファブレスだ。半導体でいえば、設計だけを行う。こうしたことを行っているのがアップルであり、ＮＶＩＤＩＡである。そして製造は、台湾のＴＳＭＣのような受託製造企業が行なう。

製造業のサービス化は、高齢者の就業に関しても、重要な意味を持っている。工場労働は肉体労働であり、肉体的な能力が低下した高齢者には不得手な仕事だ。しかし、設計などの作業は、高齢者になってもできる。こうした分野で、高齢者の就業の可能性が広がっていると考えることができる。

技術進歩がもたらす代替効果と補完効果

一般に、技術進歩は代替効果と補完効果を持つ。

代替効果とは、それまで人間が行なっていた事を自動化し、そのために人間が行なう仕事が減ってしまう（あるいはなくなってしまう）ことだ。

それに対して補完的な効果とは、人間が新しい技術を使うことによって、より多くの生産物を作れるようになることだ。

新技術はこの両面を持っており、そのどちらが強く現れるかによって、社会に与える効果が異なる。代替的な効果が強く働けば、それまで人間が行なっていた仕事が自動的に行なわれるようになって、失業が増える。

それに対して、補完的な効果が強ければ、人間は仕事を続け、しかも、その生産性が高まる。このいずれが実現するかによって、技術のもたらす効果は大きく異なる。デジタル技術についても両方の効果があるのだが、補完的な効果が強く働くような社会的選択が行われていくことが望まれる。

3．自分の位置づけを正しく知る

付和雷同してはいけない

こうした大きな変化の中に、自分を正しく位置づけることが必要だ。これは高齢者の就労に限ったことではないが、高齢者の場合にはとりわけ必要だ。

ここには重要なポイントが２つある。第１に、自分の特性がどこにあるかを知ることだ。例えば、コンピューターが重要になったからといって、高齢者がプログラミングを学んでその専門家になろうとすることが得策とは限らない。この分野には、技能と経験を持つ専門家が、すでに数多くいるだろう。

それよりも、コンピューターができないことに自分の可能性を見出すことが望ましいかもしれない。

情報処理技術の進歩が顕著だからといって、それに直接関連した仕事が自分にとっての最適な仕事であるわけでは必ずしもないのだ。むしろ、コンピューターができない仕事に自分の優位性を見出すことが重要だ。

本章の1で紹介したように、グラットンらは、テクノロジーが進化し続ける中で、人間特有のスキル、特に「ソフトスキル」の重要性が高まっているという。これには、共感力、チームワーク、創造性、適応性、問題解決能力などが含まれる。グラットンらはこれらのスキルを機械は真似できないため、人間の仕事がますます価値を増していくとしている。これは、正しい指摘だ。

また、レーガン氏は、「高齢者の経験こそが重要だ」と主張した。これは、ソフトスキルの具体例を示したものと言えるだろう。

比較優位の原則

前項で述べたことは誰もが納得するだろう。

第二の原則は、わかりにくい。しかし、重要なことだ。それは、経済学の言葉を使って言えば、自分が「比較優位」を持つ仕事が何であるかを正しく知り、それに特化するということだ。

前項で述べた原則は、経済学の用語で言うと、「絶対優位」だ。絶対的優位は理解しやすい概念だが、比較優位の概念は理解しにくい概念なのだ。絶対優位と比較優位の違いを正しく理解することが必要だ。

比較優位を理解するには、経済学者のポール・サミュエルソンが示しているつぎの説明を使うのがよい。

いま、A氏は有能な弁護士であり、同時に、タイプを打つのも極めて速いとしよう。町で、一番早くタイプを打てる。では、彼は弁護士の仕事だけでなく、書類を作るためのタイプ打ち作業も自分で行なうのがよいか?

そうではない。タイプを打つ速さが自分より遅くても、タイピストを雇った方がよい。そして、それによってできた時間で弁護士の仕事を増やした方が有利になる。

この弁護士は、タイプ打ち作業で、絶対優位性を持っているが、比較優位を持っていないのである。

誰でも比較優位を持っている。そして、すべての人が自分の比較優位に特化し、分業を進めていくことが望ましい。

この話はもちろん、現実世界でも生息可能だ。その例として、つぎの話がある。アメリカの伝説的ホームラン王ベイブ・ルースは、ピッチャーとしても有能だったのだ。しかし、二兎を追うことはしなかった。そして、強打者となる訓練に集中した。彼は比較優位の原則を実行し、そして大成功したのである。

リカードの比較優位原則

以上で説明したのは、国際貿易で、「リカードの比較優位原則」として知られている考え方だ。

イングランドは、葡萄《ぶどう》酒も羊毛も作ることができる。しかし、葡萄酒の生産はスペインに任せて、羊毛に専念した方がよい。なぜなら、イングランドが比較優位を持つのは、葡萄酒生産でなく、羊毛の生産だからだ。

なお、サミュエルソンは、ポーランドの数学者であるスタニスワフ・ウラムに次のように質問されたのだそうだ。「経済学の命題の中で正しいものは、自明のものばかりだ。自明ではなく、しかも正しい命題はあるのか？」

サミュエルソンは、この質問に絶句したが、１年間考えたあと、リカードの比較優位の原則を挙げたのだそうである。

4. 税や社会保障の仕組みが高齢者の就業を妨げる

税制や社会保障の制度が、高齢者の就業を抑制している

以上で述べたことにもかかわらず、社会的な仕組みが高齢者の就業を阻害している。様々な社会的な仕組みが高齢者の就業に対して阻害要因になっていることは間違いない。特に問題なのは、税や社会保障の仕組みだ。

第４章の６で批判した在職老齢年金制度は、その典型例だ。こうした制度は、撤廃する必要がある。

また、税制や社会保険料の制度も、高齢者が働くことを抑制している。所得税制は、所得を年金や資産所得の形態で得る場合には手厚い優遇措置を与えている。また、労働所得でも給与所得の場合には手厚い給与所得控除を利用できる。しかし、独立して給与所得以外の形で所得を得るようになると、そのような恩典が得られない。しかも、確定申告が必要であるため、納税事務のために、かなりの労力と費用が必要になる。さらに、個人で仕事をすると、消費税について問題が発生する。消費税額を依頼者に転嫁しにくい場合が多いからだ。

また、第７章で指摘したように、医療保険や介護保険の保険料や自己負担も、高齢者の労

働所得に重い負担を課すために、高齢者が働き続けることに対して、強い抑制効果を持つ。

これらのように高齢者の就労に対してペナルティーを加える制度は、見直しと撤廃が必要だ。

生成AIを使ったリスキリングに挑戦しよう

「いつまでも働ける社会」を実現するため、政策や制度改革を求めることは重要だが、それと同時に、個人1人ひとりが、能力を維持し、高めることが必要だ。

とくに、リスキリングが必要だ。デジタル変革が進む中で、AIやデータアナリティクス、クラウドコンピューティングなどのデジタルスキルの習得も重要だ。これらのスキルは、労働市場における競争力を保つために必要不可欠であり、それを獲得して維持するために、継続的な職業訓練と教育が求められる。グラットンとスコットも、企業や教育機関が積極的にリスキリングを支援すべきだと主張している。

本章の3で、デジタル技術が進展しているからと言って、付和雷同する必要はないと述べた。しかし、それは、それを自分の専門とする必要はないという意味であり、それらを無視してよいという意味ではない。最低限の知識と技能を獲得することは必要だ。

ここで注意すべきは、インターネットとAIの時代には、独学でリスキリングすることが十分に可能ということだ。ChatGPTなどの生成AIは、単に知識を与えてくれるだけではなく、独学のカリキュラムも準備してくれる。
新しい技術が提供する可能性を最大限に利用すれば、高齢者のリスキリングを大きく進展させることができるだろう。

第８章のまとめ

1．人生１００年時代の生き方を考える必要がある。高齢者が働き続け、社会とのつながりを維持すべきだ。最近目覚ましく発展したリモートワークは、こうした生き方を可能とする強力な手段だ。

2．過去半世紀間に情報処理技術が著しく進歩した。これは産業構造や企業の姿を大きく変えた。この変化は、高齢者の就業に有利に働いている。

3．付和雷同するのでなく、自分自身を適切に位置づける必要がある。とくに重要なのは、自分の比較優位が何であるかを正しく把握することだ。

4．高齢者の就労を妨げる税や社会保障の仕組みを見直すことが必要だ。また、生成ＡＩなどを用いて、個人個人がリスキリングを行なう必要がある。

索引

編集協力　株式会社マーベリック（大川朋子、
奥山典幸、大畑夏穂）、嶋屋佐知子、
株式会社ＱＵＥＳＴＯ（黒田剛）

図版作成　阪口雅巳（エヴリ・シンク）

野口悠紀雄（のぐち・ゆきお）
一橋大学名誉教授。1940年東京生まれ。63年東京大学工学部卒業。64年大蔵省入省。72年エール大学Ph.D.（経済学博士号）を取得。一橋大学教授、東京大学教授（先端経済工学研究センター長）、スタンフォード大学客員教授、早稲田大学大学院ファイナンス研究科教授などを歴任。専攻はファイナンス理論、日本経済論。
X（旧ツイッター）https://x.com/yukionoguchi10
note　https://note.com/yukionoguchi
野口悠紀雄Online　https://www.noguchi.co.jp

終《しゅう》末《まつ》格《かく》差《さ》
健康寿命《けんこうじゅみょう》と資産運用《しさんうんよう》の残酷《ざんこく》な事実《じじつ》
野口悠紀雄《のぐちゆきお》

2025年 2月 10日　初版発行
2025年 4月 10日　再版発行

◆◇◇

発行者　山下直久
発　行　株式会社KADOKAWA
〒102-8177　東京都千代田区富士見2-13-3
電話　0570-002-301（ナビダイヤル）
装 丁 者　緒方修一（ラーフイン・ワークショップ）
ロゴデザイン　good design company
オビデザイン　Zapp!　白金正之
印 刷 所　株式会社KADOKAWA
製 本 所　株式会社KADOKAWA

角川新書

ISBN978-4-04-082523-6 C0236